CONCESSÃO DE CRÉDITO E RESPONSABILIDADE BANCÁRIA NO DIREITO MOÇAMBICANO

AUGUSTO PAULINO
Mestre pela Faculdade de Direito
da Universidade de Lisboa

CONCESSÃO DE CRÉDITO E RESPONSABILIDADE BANCÁRIA NO DIREITO MOÇAMBICANO

CONCESSÃO DE CRÉDITO E RESPONSABILIDADE
BANCÁRIA NO DIREITO MOÇAMBICANO

AUTOR
AUGUSTO PAULINO

EDITOR
EDIÇÕES ALMEDINA. SA
Av. Fernão Magalhães, n.º 584, 5.º Andar
3000-174 Coimbra
Tel.: 239 851 904
Fax: 239 851 901
www.almedina.net
editora@almedina.net

PRÉ-IMPRESSÃO | IMPRESSÃO | ACABAMENTO
G.C. GRÁFICA DE COIMBRA, LDA.
Palheira – Assafarge
3001-453 Coimbra
producao@graficadecoimbra.pt

Maio, 2009

DEPÓSITO LEGAL
294100/09

Os dados e as opiniões inseridos na presente publicação
são da exclusiva responsabilidade do(s) seu(s) autor(es).

Toda a reprodução desta obra, por fotocópia ou outro qualquer
processo, sem prévia autorização escrita do Editor, é ilícita
e passível de procedimento judicial contra o infractor.

Biblioteca Nacional de Portugal – Catalogação na Publicação

PAULINO, Augusto

Concessão de crédito e responsabilidade bancária no
direito moçambicano. – (Estudos de direito africano)
ISBN 978-972-40-3725-7

CDU   347
      346
      336

*Com especial afecto aos mocumbas e aos
que acreditam na infalibilidade dos sonhos*

PREFÁCIO

Pediu-me o mestre Augusto Paulino que prefaciasse o seu livro *Concessão de Crédito e Responsabilidade Bancária no Direito Moçambicano*, que constituiu a dissertação de mestrado em Ciências Jurídicas pela Faculdade de Direito de Lisboa. Faço-o com o maior prazer, atendendo ao autor, ao tema e ao conteúdo do livro que agora se apresenta a um vasto público.

Falemos primeiro do autor, o mestre Augusto Paulino, que ocupa uma posição de relevo entre os juristas moçambicanos, quer pela actividade desenvolvida no âmbito do Banco Central, quer das instituições de ensino superior em que lecciona. A frequência do mestrado organizado pela Faculdade de Direito de Lisboa com a colaboração do Banco de Moçambique permitiu-me apreciar devidamente as suas qualidades humanas e científicas e constitui para mim uma honra ter sido seu orientador.

O tema, muito complexo e melindroso, reveste-se de uma grande dignidade científica e da maior utilidade prática. Aquando da discussão da dissertação ainda não ocorrera a crise financeira em que estamos hoje mergulhados, mas já eram muitas as dúvidas e perplexidades quanto à evolução do sistema bancário. Elas ecoam, de algum modo, logo na introdução quando o autor, depois de referir a importância da concessão de crédito não só a empresas mas também a particulares, tendo em vista a integração social e o crescimento económico, deixa entrever a sua preocupação com os novos produtos financeiros, que parecem ser uma das razões que levam o autor a encetar a investigação.

Se já não era difícil dar-lhe razão na época, os acontecimentos mais recentes mostraram claramente a pertinência da escolha do tema, num momento em que é cada vez mais necessário que os juristas se ocupem de uma matéria que, obviamente, convida a uma reflexão por parte de economistas, filósofos e sociólogos.

É interessante, de facto, verificar que o instituto da responsabilidade civil, quando aplicado aos bancos, assegura a tutela dos que com eles entram em negócio, mas ajuda, ao mesmo tempo, a manter um mercado funcionando segundo regras de correcção e ética empresarial. Tivessem elas sido efectivamente seguidas e não nos encontraríamos na situação actual.

Naturalmente que este é sobretudo um problema de regulação (ou de ausência dela) que aqui se coloca e não é, nem tinha de ser, analisado pelo autor, mas espera-se que, num momento em que se começa a sentir o receio de que as medidas de apoio estatal tenham um efeito de passar uma esponja sobre comportamentos menos correctos, não seja esquecido o exercício dos mecanismos de responsabilidade civil, a par com a aplicação das sanções no caso em que se verifiquem irregularidades financeiras.

No tratamento que dá à matéria, o autor vai conjugar a preparação académica sólida com a realidade concreta, analisando especialmente a regulamentação e regras de conduta emanadas do Banco de Moçambique. Não se pense, no entanto, que se trata de uma obra fechada sobre o direito moçambicano, uma vez que são carreados interessantes materiais de direito comparado.

A bibliografia de expressão portuguesa sobre este tema fica assim enriquecida com um texto de um autor que nos deixa grandes esperanças quanto à sua capacidade de dar novos passos na carreira universitária. Tudo isto me apraz especialmente registar.

Lisboa, Outubro de 2008

EDUARDO PAZ FERREIRA
Professor Catedrático da Faculdade de Direito de Lisboa

NOTA INTRODUTÓRIA

A presente publicação corresponde, com ligeiras modificações, à nossa dissertação de Mestrado em Ciências Jurídico-empresariais, cujas provas públicas foram prestadas em Outubro de 2006 na Faculdade de Direito da Universidade de Lisboa, perante um júri presidido pelo senhor Professor Doutor António Menezes Cordeiro, o qual integrava ainda o senhor Professor Doutor Eduardo Paz Ferreira, na qualidade de Orientador, o senhor Professor Doutor Pedro Pais Vasconcelos e, como arguentes, os senhores Professores Doutores Manuel A. Carneiro da Frada e Pedro Romano Martinez.

Maputo, Dezembro de 2007

O Autor

AGRADECIMENTOS

Cumpre-nos reconhecer e agradecer o inestimável apoio que nos foi prestado para que este trabalho fosse realizado.

Assim, expressamos a nossa palavra de gratidão ao senhor Professor Doutor Eduardo Paz Ferreira, que, não obstante os seus inúmeros afazeres, generosamente assumiu a orientação da presente dissertação.

Manifestamos também o nosso profundo reconhecimento aos senhores Professores da Faculdade de Direito da Universidade de Lisboa e da Faculdade de Direito da Universidade de Coimbra, nomeadamente o senhor Professor Doutor António Menezes Cordeiro, o senhor Professor Doutor Januário Gomes, o senhor Professor Doutor Luís Menezes Leitão, o senhor Professor Doutor Luís de Lima Pinheiro, o senhor Professor Doutor Pedro Romano Martinez, o senhor Professor Doutor Oliveira Ascensão, o senhor Professor Doutor Pedro Pais de Vasconcelos, o senhor Professor Doutor Manuel A. Carneiro da Frada e o senhor Professor Doutor António Pinto Monteiro, de quem somos eternos devedores.

Deixamos igualmente expressa a nossa singela homenagem ao saudoso Professor Doutor António Marques dos Santos, de quem tivemos o privilégio de ser aluno.

Por fim, mas com o mesmo destaque, uma palavra de carinho à minha família e de particular apreço ao Banco de Moçambique.

NOTAS PRÉVIAS

a) Forma de citar

As obras consultadas aparecerão, nas primeiras citações, indicadas pela sequência autor, título, edição, local, ano de publicação e página(s). Nas referências subsequentes às mesmas obras, não serão mencionados a edição, o local e o ano de publicação, e os títulos serão, em regra, abreviados.

Qualquer referência a diplomas legais sem indicação do ordenamento jurídico a que pertencem deve entender-se reportada à legislação moçambicana.

b) Principais abreviaturas e siglas usadas:

BFDUC – Boletim da Faculdade de Direito da Universidade
          de Coimbra
BMJ   – Boletim do Ministério da Justiça
BR   – Boletim da República
CC   – Código Civil
CCm   – Código Comercial[1]
Cfr   – Conferir
CPC   – Código de Processo Civil
CRM   – Constituição da República de Moçambique
CSC   – Código das Sociedades Comerciais

---

[1] À data da conclusão do presente trabalho, vigorava o Código Comercial, aprovado pela Carta de Lei de 28 de Junho de 1888. Incidentalmente, reportar-nos-emos às alterações entretanto introduzidas pelo Decreto-Lei n.º 2/2005, de 27 de Dezembro, que aprovou o novo Código Comercial.

DL	– Decreto-Lei
LICSF	– Lei das Instituições de Crédito e Sociedades Financeiras
LQS	– Lei das Sociedades por Quotas, de 11 de Abril de 1901
Op. cit.	– obra citada
Pág(s)	– Página(s)
RDE	– Revista de Direito e Economia
RGIC	– Regime Geral das Instituições de Crédito e Sociedades Financeiras (lei portuguesa)
RLJ	– Revista de Legislação e de Jurisprudência
ROA	– Revista da Ordem dos Advogados
SS	– seguintes
STJ	– Supremo Tribunal de Justiça
V.	– Ver/Vide
V.gr.	– verbi gratia
Vol.	– volume

SUMÁRIO

1. **Introdução**
   1.1. Sobre o relevo juscientífico e alcance prático do tema
   1.2. Plano de exposição

2. **Enquadramento legal e caracterização das operações de crédito – perspectiva histórica**
   2.1. Tipologia das operações bancárias
   2.2. Noção legal de crédito

3. **Enquadramento institucional da concessão de crédito**
   3.1. Delimitação negativa das actividades das instituições de crédito

4. **A intervenção da autoridade pública na regulação da distribuição do crédito**
   4.1. Directivas emanadas do Banco de Moçambique e regras de conduta
   4.2. Restrições à concessão de crédito
   4.3. Os riscos de crédito
   4.4. O papel do serviço de centralização de riscos de crédito e a troca de informações entre as instituições sobre os clientes – a intervenção da autoridade de supervisão

5. **Formas de concessão de crédito**
   5.1. Modalidades creditícias tradicionais
       5.1.1. O mútuo
       5.1.2. A abertura de crédito
       5.1.3. O desconto
       5.1.4. O descoberto em conta
       5.1.5. A antecipação bancária
       5.1.6. O crédito por assinatura
   5.2. Modalidades creditícias modernas
       5.2.1. O *leasing*
       5.2.2. O *factoring*

6. **Responsabilidade civil**
   6.1. Noção e espécies
   6.2. Objecto da indagação

16   *Concessão de Crédito e Responsabilidade Bancária*

7. Responsabilidade do banqueiro pela concessão "abusiva" de crédito – sobre a ressarcibilidade dos danos causados aos credores da empresa beneficiária de crédito bancário

7.1. Soluções propostas – Direito comparado

    7.1.1. Direito francês

    7.1.2. Direito alemão

    7.1.3. Direito italiano

    7.1.4. Direito uruguaio

    7.1.5. Soluções à luz dos direitos português e moçambicano

        7.1.5.1. Os meios de conservação da garantia patrimonial

        7.1.5.2. Pressupostos da responsabilidade civil

        7.1.5.3. Sobre a eventual ressarcibilidade de danos puramente patrimoniais – alcance da primeira parte do artigo 483.º do CC

        7.1.5.4. Sobre a responsabilidade civil decorrente da violação de normas de protecção (artigo 483.º 1, 2.ª parte do CC)

        7.1.5.5. Concessão de crédito e abuso do direito

        7.1.5.6. Responsabilidade bancária e eficácia externa das obrigações

8. Responsabilidade bancária pela não concessão de crédito – eventual dever de conceder ou de manter crédito

8.1. A concessão de crédito como expressão da liberdade contratual

8.2. Sobre a tese do serviço público bancário

9. Responsabilidade do banqueiro perante o beneficiário do crédito – o banqueiro como gestor de facto do mutuário (*lato sensu*)

10. Responsabilidade por conselhos, recomendações e informações

11. Principais conclusões

12. Bibliografia citada

13. Principal legislação de referência

13.1. Legislação moçambicana

13.2. Legislação portuguesa

13.3. Legislação brasileira

13.4. Legislação angolana

14. Índice geral

1. INTRODUÇÃO

1.1. Sobre o relevo juscientífico e alcance prático do tema

O tema que nos propomos abordar é de perene actualidade: concessão de crédito e responsabilidade civil do banqueiro. É reconhecida a relevância sócio-económica da actividade creditícia. Definitivamente abandonada a carga negativa a que historicamente esteve associado, como sinónimo de pobreza ou de prodigalidade, o crédito é hoje, assumidamente, uma componente estrutural das economias de mercado. Sem crédito, não há economia que sobreviva. O núcleo central de todo o universo do crédito é, sem dúvidas, o crédito bancário. Praticamente nenhum empresário pode sobreviver à margem da banca. Na verdade, do crédito depende a existência e o sucesso dos grandes empreendimentos económicos. Mas não só. Mesmo fora do âmbito da actividade empresarial, constata-se, *v. gr.*, que o crédito ao consumo[2] assume nos dias que correm dimensões

---

[2] Trata-se de um tipo de empréstimo improdutivo (no sentido de que não se destina a uma actividade económica e profissional) contraído pelos particulares para fazerem face às suas necessidades de consumo. Historicamente, foi iniciado pelos próprios vendedores, que o concediam sem juros. A partir, porém, do 2.º pós-guerra, com início na América do Norte, para depois se alastrar pelo resto do mundo, o crédito ao consumo passou a integrar o leque das actividades bancárias activas, já com escopo lucrativo e com uma amplitude cada vez maior, situação que vem justificando, um pouco por toda a parte, intervenções legislativas em defesa do consumidor, designadamente o seu direito à qualidade de bens e serviços e contra o seu endividamento excessivo – haja em vista as Directrizes n.º. 87/102/CEE, de 22 de Dezembro de 1986, e n.º 90/88/CEE, de 22 de Fevereiro de 1990, transpostas para o direito interno português pelo Decreto-Lei n.º 359/91, de 21 de Setembro (Cfr. Menezes Cordeiro, "Leis da Banca", Livraria Almedina, Coimbra, 1998, págs. 558-570, e "Manual de Direito Bancário", Almedina, Coimbra, 2001, 2.ª Edição, págs. 595-597), a reformulação do regime jurídico das cláusulas contratuais gerais, através do Decreto-Lei n.º 220/95, de 31 de Agosto, a regulamentação da segurança geral dos produtos, pelo Decreto-Lei n.º 311/95, de 20 de Novembro, a instituição, através da Lei n.º 23/96, de 26 de Julho, de mecanismos

de assinalável impacto, como factor de integração social e também de crescimento económico.

Entretanto, a concessão de crédito pode suscitar – e não raras vezes suscita – problemas envolvendo responsabilidade civil das instituições de crédito[3]. A presença e participação da banca na actividade económica são visivelmente crescentes. Somos amiúde surpreendidos com novos produtos financeiros. A essa circunstância corresponde a proliferação dos delitos próprios do sector financeiro. Perante esse cenário, multiplicam-se as medidas legislativas para se lhes fazer face, de que é exemplo a legislação no quadro da prevenção e repressão do branqueamento de capitais[4].

A temática da responsabilidade civil, se bem que com uma longa tradição doutrinária, está longe de estar esgotada. Efectivamente, ela continua a figurar entre os sectores da ciência jurídica que mais têm atraído a atenção e a imaginação dos juristas e dos legisladores, um pouco por todo o mundo.

---

destinados a proteger os utentes de serviços públicos essenciais, regulamentados, quanto à facturação detalhada do serviço público telefónico, pelo Decreto-Lei n.º 230/96, de 29 de Novembro, e a substituição da Lei n.º 29/81, de 22 de Agosto, pela Lei n.º 24/96, de 31 de Julho. Em Moçambique, a protecção dos consumidores tem já dignidade constitucional. Com efeito, o artigo 92.º da nova Constituição da República, entrada em vigor a 21 de Janeiro de 2005, consagra o direito dos consumidores à qualidade dos bens e serviços consumidos, à formação e informação, à protecção da saúde, da segurança dos seus interesses económicos, bem como à reparação de danos. O mesmo preceito constitucional reconhece às associações de consumidores e às cooperativas, *inter alia*, legitimidade processual para a defesa dos seus associados. Ao nível infra-constitucional, a defesa do consumidor surge ainda de forma tímida e mitigada, mas dá sinais de sensibilidade do legislador, de que são exemplos as disposições do artigo 87.º, b) do novo CCm (que prevê desconsideração da pessoa colectiva, sempre que a actuação dos sócios, dolosa ou culposa, envolva violação dos direitos essenciais dos consumidores) e da alínea q) do artigo 471.º do mesmo diploma (que considera abusivas as cláusulas contratuais que "*estejam em desacordo com o sistema de protecção ao consumidor*"). Sobre o crédito ao consumo, v., entre outros autores, Maria Manuel Leitão Marques *et alia*, "O endividamento dos consumidores", Almedina, 2000, págs. 15 e ss, e Javier Prada Alonso, "Protección del Consumidor y responsabilidad civil", Marcial Pons, Ediciones Jurídicas y Sociales, Madrid, Barcelona, 1998.

[3] Genericamente falaremos em responsabilidade bancária. Esta problemática da responsabilidade bancária enquadra-se num tema mais amplo – o da responsabilidade profissional, que hodiernamente, mais do que nunca, tem merecido a atenção de vários estudiosos.

[4] Na verdade, o branqueamento de capitais através do sistema bancário é um dos domínios em que grassa a criminalidade económica. Deste aspecto, que releva para estudos no âmbito do Direito Penal, não curamos no presente trabalho.

Introdução 19

Longe de ser estática, a responsabilidade civil conheceu evolução ao longo dos tempos. Na verdade, é hoje evidente que as construções das doutrinas clássicas sobre a responsabilidade civil, assentes no principado da culpa, não oferecem soluções suficientes aos novos problemas emergentes do desenvolvimento industrial e dos assinaláveis progressos tecnológicos[5]. Os últimos tempos são caracterizados pelo agravamento do risco e pelo incremento dos perigos sobre as pessoas e o respectivo património.

Não admira, pois, que o critério da culpa tenda a ceder terreno ao da responsabilidade fundada quer no risco inerente à actividade causadora de danos, quer nas vantagens, para o agente lesante, advenientes dessa actividade[6]. A esses factos, acresce que o actual processo de construção de uma "aldeia global" propiciará o despertar de consciências relativamente aos factores geradores da obrigação de indemnizar e à necessidade (e mecanismos) de restabelecer o equilíbrio económico-jurídico alterado pelos prejuízos causados[7] – propiciando, muito provavelmente, a uniformização das soluções no domínio da responsabilidade civil. Os progressos ao nível das tecnologias de informação e comunicação são, indubitavelmente, uma im-

---

[5] Sobre a evolução e implicações da responsabilidade objectiva, cfr., entre outros autores, Manuel A. Carneiro da Frada, "Contrato e deveres de protecção", Separata do BFDUC, Coimbra, 1994, págs. 18 e ss, Luís Manuel Teles de Menezes Leitão, "Acidentes de trabalho e responsabilidade civil (A natureza jurídica da reparação dos danos emergentes de acidentes de trabalho e distinção entre as responsabilidades obrigacional e delitual)", ROA, Ano 48, III, 1988, págs. 777-779, Almeida Costa, "Direito das Obrigações", 7.ª Edição Revista e Actualizada (Reimpressão), Livraria Almedina, 1999, págs. 456 e ss, bem assim Eva Frades de la Fuente, "La responsabilidad profesional frent a terceros por consejos negligentes", DYKINSON, 1999, pág. 71 e ss.

[6] Sinal evidente dos nossos tempos é, *v.gr.*, a consagração, em sede do direito do ambiente, do princípio do poluidor-pagador, que traduz uma emanação do aforismo "*ubi commoda, ibi incommoda*" (isto é, quem recebe as vantagens deve igualmente arcar com as desvantagens). O princípio torna-se particularmente importante se se tomar em linha de conta que actualmente é ainda tecnologicamente impossível atingir-se o nível de "dano zero" sobre o meio ambiente no processo de produção industrial.

[7] Com Sofia de Sequeira Galvão, "*O número de danos que resultam de acidentes [nos países industrializados] não pára de aumentar, ao mesmo tempo que tende a diminuir a resignação das vítimas*" – in "*Reflexões acerca da responsabilidade do comitente no Direito Civil Português – a propósito do contributo civilista para a dogmática da imputação*" – Associação Académica da Faculdade de Direito de Lisboa, 1990, pág. 13.

portante alavanca desse processo: a *Internet, v.gr.*, assume-se já como uma verdadeira "auto-estrada de comunicações". As distâncias minimizam-se, as fronteiras esbatem-se.

Outrossim, assiste-se actualmente a uma crescente expansão dos campos cobertos pela responsabilidade civil[8], nomeadamente no que concerne à responsabilidade civil profissional, em todos os Estados modernos, com particular incidência para os do sistema da *Common Law*, dada a sua maior flexibilidade e capacidade de adaptação a novas situações[9/10].

---

[8] Quanto à tendência para o aumento da extensão da responsabilidade civil objectiva e seus problemas modernos, Carlos Alberto da Mota Pinto, "Teoria Geral do Direito Civil", 3.ª Edição Actualizada, Coimbra Editora, 11.ª Reimpressão, 1996, págs. 120-121, Mário Júlio de Almeida Costa, op. cit., págs. 455 e ss, António Pinto Monteiro, op.cit., págs. 54 e ss, Menezes Cordeiro, "Da responsabilidade civil dos administradores das sociedades comerciais", Lex, Lisboa, 1997, págs. 471 e ss e, do mesmo Autor, "Direito das Obrigações", vol. II, Associação Académica da Faculdade de Direito da Universidade de Lisboa, 1999, págs. 259 e ss, e Sinde Monteiro, "Responsabilidade por conselhos, recomendações e informações", Colecção Teses, Almedina, Coimbra, 1989, págs. 164 e ss. O alargamento do âmbito da responsabilidade civil suscita o tema dos seus fins. Quanto a este assunto, cfr. Menezes Cordeiro, "Da responsabilidade civil dos administradores das ...", págs. 481 e ss.

[9] Cfr., a este propósito, Eva Frades de la Fuente, op.cit., págs. 17 e ss.. Na obra, a Autora chama a atenção para os perigos que um abuso da responsabilidade civil pode acarretar, quer do ponto de vista de justiça, quer em termos económicos. No caso específico da responsabilidade bancária, Margarida Almeida, "A responsabilidade civil do banqueiro perante os credores da empresa financiada", Coimbra editora, 2003, considera que uma excessiva responsabilização dos bancos poderá trazer repercussões negativas, quer para a própria instituição quer para a economia. – pág. 131.

[10] Cfr. Manuel Veiga de Faria, "Algumas questões em torno da responsabilidade civil dos bancos pela concessão ou recusa de crédito e por informações, conselhos ou recomendações", in Revista da Banca n.º 35, Julho-Setembro de 1995, pág. 46. Para o Autor, "*A responsabilidade profissional torna-se, pela sua especificidade própria, um dos núcleos de maior importância prática em todo o contexto da responsabilidade civil. O exercício de uma actividade profissional torna-se mais e mais exigente e as consequências de uma actuação negligente revertem, cada vez com maior frequência, sobre o profissional.*" E acrescenta: "*A essas exigências não ficam imunes nenhumas actividades profissionais, por mais nobres que sejam ou por mais respeito que possam merecer os seus cultores.*" – págs. 47-48. Por seu turno, o autor italiano Giovanni L. PELLIZZI (in "La responsabilità della banca – relazione introduttiva", in "Responsabilità contrattuale ed extracontratuale delle banche – Atti del convegno di studio organizato del Banco di Sardegna in collaborazione con il CIDIS", ALGHERO 8-10 Novembre 1998, Milano-Dott. A. Giuffrè Editore, 1986, págs. 11 e ss) refere-se igualmente à tendência para o alargamento do âmbito da responsabilidade civil, consubstanciado no surgimento de novas figuras de responsabilidade da banca,

Introdução 21

A questão da responsabilidade civil dos profissionais liberais, nomeadamente, médicos e advogados – pela sua actuação dolosa ou meramente culposa no exercício das suas actividades – e dos produtores e comerciantes (com a correlativa protecção dos consumidores) tem hoje merecido enérgicas medidas legislativas e figurado no centro das atenções de vários cultores do Direito.[11]

---

tomando como exemplos a concessão abusiva de crédito e a violação das normas internas das instituições de crédito.

[11] Sirvam de exemplos: Philippe le Tourneau, "La Responsabilité Civile Professionnele", Ed. Economica, Paris, 1995; Javier Prada Alonso, "Protección del Consumidor y responsabilidad civil", Marcial Pons, Ed. Jurídicas y Sociales, S.A., Barcelona, Madrid, 1998; D. Jiménez Liebana, "Responsabilidad civil: daños causados por productos defectuosos", Madrid, 1998; Rosendo Dias José, "Responsabilidade civil do construtor e do vendedor pelos defeitos", 2.ª edição, SAE, Lisboa; Fernando Rodriguez Artigas, "La Proteccion de los Consumidores", in Contratos Bancários, vários autores, Madrid, 1992; Amarilis Garcia Astorga *et alia*, "El control de las praticas illegales e irregulares desde el punto de vista de la politica de proteccion de consumidores", in Revista da Facultad de Ciências Jurídicas y Políticas, n.º 66, Caracas, 1987; Elsa Dias Oliveira, "A protecção dos consumidores nos contratos celebrados através da Internet – contributo para uma análise numa perspectiva material e internacionalprivatística", Almedina, Coimbra, 2002; João Calvão da Silva, "Responsabilidade civil do produtor", Colecção Teses, Almedina, Coimbra, 1990; José Manuel Conde Rodrigues, "A responsabilidade civil do produtor face a terceiros", Lisboa, 1990; Mário Raposo, "Sobre a responsabilidade civil do produtor e a garantia do seguro", Lisboa, 1992 (separata do BMJ, n.º 413); Carlos Ferreira de Almeida, "Os direitos dos consumidores", Coimbra, 1982; José Carlos Moitinho de Almeida, "A responsabilidade civil do médico e o seu seguro", in "Scientia Ivridica", Tomo XXI; Manuel A. Carneiro da Frada, "Uma "terceira via" no direito da responsabilidade civil? – O problema da imputação dos danos causados a terceiros por auditores de sociedades", Coimbra, Almedina, 1997; J. A. Esperança Pina, "A Responsabilidade dos Médicos", 2.ª Edição Revista, Ampliada e Actualizada, Lidel Edições Técnicas, Lisboa, 1998; J. Figueiredo Dias/J. Sinde Monteiro, "Responsabilidade médica em Portugal", in BMJ, n.º 332; João Álvaro Dias, "Procriação assistida e responsabilidade médica", Coimbra, 1996; L.P. Moitinho de Almeida, "Responsabilidade Civil dos Advogados", 2.ª edição, Coimbra, 1998; João Calvão da Silva, "Responsabilidade bancária por transferência de créditos" in "Estudos em Homenagem à Professora Doutora Isabel Magalhães Collaço", Vol. II, Almedina, 2002, J.M.Fernandez Hierro, "Responsabilidad civil médico-sanitária", Pamplona, 1984, J. J. Carrasco Gomez, "Responsabilidad médica e psiquiátrica", Madrid, 1989; R. De Matteis, "La responsabilità medica. Un sottossistema della responsabilità civile", Padova, 1996, Jaime Santos Briz, "La responsabilidad Civil, Temas Actuales", Editorial Montecorvo, S.A., Madrid, 2001 e Ana R. Gonçalves Moniz, "Responsabilidade civil por danos resultantes da prestação de cuidados de saúde em estabelecimentos públicos – o acesso à justiça administrativa", Coimbra Editora, Junho de 2003.

Não obstante a unidade dogmática que ao longo dos tempos tem caracterizado o instituto da responsabilidade civil, há uma tendência para a sua fragmentação ou especialização. É no quadro desse processo que se deve entender a responsabilidade civil do banqueiro, que tem sido tradicionalmente analisada pela doutrina e pela jurisprudência à luz dos casos que se apresentam com maior frequência, nomeadamente a decorrente do pagamento de cheques falsificados, da violação da convenção de cheque, da devolução injustificada de cheques ou do congelamento indevido de uma conta corrente.

O presente trabalho tem por objecto a responsabilidade bancária emergente da actividade creditícia[12]. A responsabilidade bancária neste contexto deve, por conseguinte, ser entendida como a que decorre de factos perpetrados no âmbito do exercício da actividade profissional do banqueiro *lato sensu,* de que a concessão de crédito integra o seu núcleo duro, como melhor veremos, *infra* (ponto 3 do sumário). A relação jurídico-creditícia que aqui interessa é, pois, aquela em que o sujeito activo é uma instituição de crédito.

Além dum mero interesse dogmático, o tema de que nos ocupamos pode arrogar-se indiscutível importância prática. Entre nós, é praticamente inexistente o tratamento doutrinário e jurisprudencial de tão importante temática. Esta circunstância estimula-nos o interesse pela investigação e justifica, em larga medida, a nossa opção pelo tema.

À míngua de jurisprudência e literatura jurídica nacionais, o recurso ao direito comparado torna-se de utilidade reforçada. Trata-se, com efeito, duma importante ferramenta da metodologia de investigação científica. Com José de Oliveira Ascensão[13], o estudo de uma ordem jurídica em particular deve ser precedido de algumas considerações sobre as ordens jurídicas exteriores ou estrangeiras à ordem jurídica em causa.

A questão da responsabilidade bancária no âmbito da actividade creditícia tem sido equacionada sob os seguintes prismas:

---

[12] Em geral, empregamos ao longo desta dissertação o termo banqueiro/banco em sentido amplo, abrangendo as demais instituições de crédito.

[13] "O Direito – Introdução e Teoria Geral – Uma Perspectiva Luso-Brasileira", 10.ª Edição Revista, Livraria Almedina, Coimbra, 1997, pág. 135.

a) Responsabilidade civil decorrente da concessão e manutenção de crédito a uma empresa em situação económica comprometida, adiando-lhe uma declaração de falência e conferindo-lhe, dessa forma, uma aparência de solvabilidade, o que induz a que terceiros[14] venham a contratar com a mesma, iludidos por essa falsa aparência exterior;

b) Responsabilidade civil pela recusa em conceder crédito por parte das instituições de crédito. Discute-se aqui, designadamente, se os particulares têm ou não direito ao crédito, se sobre as instituições de crédito impende ou não o dever de conceder crédito e se elas têm por vocação a prestação de um serviço público;

c) Responsabilidade civil pelo corte de crédito. Indaga-se em que medida é que, numa relação duradoira de crédito, será ao banqueiro lícito rompê-la unilateralmente;

d) Responsabilidade civil do banqueiro perante o seu cliente como gestor de facto. Está em causa neste domínio a questão da definição dos limites dentro dos quais ao credor será lícito exercer controlo sobre a aplicação dos fundos que concede;

e) Responsabilidade civil decorrente de informações, conselhos ou recomendações profissionais. Trata-se, este último aspecto, de uma temática que reclama tratamento específico e aprofundado, fora dos limites que traçámos para o presente estudo. Contudo, dada a sua pertinência, não nos coibimos de, em lugar próprio e em termos necessariamente perfunctórios, o abordar.

1.2. Plano de exposição

Na esteira do sumário acima apresentado, o tema será tratado em torno de duas vertentes essenciais, de resto sugeridas pelo respectivo título:

---

[14] Designadamente credores e garantes, cujo património é susceptível de ser atingido pelas decisões tomadas pelas instituições financiadoras.

(i) a concessão de crédito como uma das operações bancárias típicas – enquadramento legal e caracterização, perspectiva histórica (Parte I);
e

(ii) a problemática da responsabilidade civil do banqueiro no quadro da actividade creditícia (Parte II).

Esta é uma opção expositiva, de que a clareza é a sua principal razão de ser. Se bem que as duas grandes partes se interpenetrem ao longo da exposição, a sua confluência é bem mais significativa e esclarecedora a nível das principais conclusões a que, a final, chegámos.

2. ENQUADRAMENTO LEGAL E CARACTERIZAÇÃO DAS OPERAÇÕES DE CRÉDITO – PERSPECTIVA HISTÓRICA

Para começar, remontemos ao CCm de 1888, cujo artigo 2.º, primeira parte, dispunha: "Serão considerados actos de comércio todos aqueles que se acharem especialmente regulados neste Código."[15]

Quanto ao sentido do segmento "especialmente previstos neste Código", já Fernando Olavo[16] entendia que os actos de comércio seriam, em primeiro lugar, os unicamente contemplados no CCm, nomeadamente o reporte, a conta em participação e a conta corrente. Em segundo lugar, seriam, segundo o Autor, aqueles que, não obstante estarem genericamente previstos no CC[17], reunissem *os requisitos que a própria lei comercial considera indispensáveis para atribuir a certa espécie deles a qualidade de mercantil e que, por isso mesmo, sujeita à regulamentação comercial*".

A opção do legislador quanto ao que deva entender-se pela citada expressão é compreensível, na medida em que, em princípio, o CCm revogou toda a legislação comercial anterior. Contudo, como posteriormente ao CCm outra legislação comercial vem sendo publicada, tem-se entendido que a alusão ao Código feita pela primeira parte do enunciado normativo do artigo 2.º deve considerar-se extensiva a toda a legislação posterior de natureza mercantil.

No mesmo sentido, pronuncia-se Coutinho de Abreu, para quem aquela formulação da 1.ª parte do artigo 2.º "faria algum sentido em 1888". E acrescenta: *"Não é, contudo, razoável petrificar um catálogo*

---

[15] O novo CCm veio estabelecer o que se deve entender por actos de comércio no artigo 4.

[16] "Direito Comercial", Vol. I, 2.ª Edição, págs. 61 e ss.

[17] *V.gr.* o arrendamento para fins comerciais (artigo 1112.º e ss) e o trespasse de estabelecimento comercial (artigo 1118.º).

de actos num código datado; há-de ser possíveis leis posteriores, acompanhando a evolução económica, preverem novos actos comerciais. Por isso se entende pacificamente que a expressão "neste Código" deve ser interpretada (extensivamente) de modo a abarcar outras leis comerciais."[18].

Os actos de comércio podem ser objectivos ou subjectivos. Na definição de actos de comércio objectivos, acham-se contemplados, segundo, ainda, a sistematização do CCm de 1888: a fiança (artigo 101.º), o mandato (artigos 231.º e ss), a conta corrente (artigos 344.º e ss), as operações de banco (artigos 362.º e ss), o transporte (artigos 366.º e ss), o empréstimo mercantil (artigos 394.º e ss), o penhor (artigos 397.º e ss), o depósito (artigos 403.º e ss), o depósito de géneros e mercadorias nos armazéns gerais (artigos 408.º e ss), os seguros (artigos 425.º e ss), a compra e venda (artigos 463.º e ss), o reporte (artigos 477.º e ss)[19], o escambo ou troca (artigo 480.º)[20], o aluguer (artigos 481.º a 482.º), a transmissão e reforma de título de crédito mercantil (artigos 483.º a 484.º) e os actos relativos ao comércio marítimo (artigos 485.º e ss).

Se em relação à maioria dos aludidos actos, o CCm estabelecia disciplina específica, o mesmo não se verificava quanto a alguns, como era o caso das operações bancárias.

Com efeito, depois de o artigo 362.º estabelecer que *"são comerciais todas as operações de bancos tendentes a realizar lucros sobre numerário, fundos públicos ou títulos negociáveis, e em especial as de câmbio, os arbítrios, empréstimos, descontos, cobranças, aberturas de créditos, emissão e circulação de notas ou títulos fiduciários pagáveis à vista e ao portador"*, no artigo seguinte o legislador optou por remeter o tratamento jurídico dessas operações para *"disposições especiais respectivas aos contratos que representarem, ou em que afinal se resolverem."*

Entretanto, a definição sistemática do objecto exclusivo dos bancos comerciais somente veio a ser feita pelo Decreto-Lei n.º 42.641,

---

[18] "Curso de Direito Comercial", Vol. I. Introdução, actos de comércio, comerciantes, empresas, sinais distintivos, 4.ª edição, Almedina, 2003, págs. 47-48.

[19] Regulado hoje nos artigos 487.º e ss do novo CCm.

[20] O escambo ou troca está previsto no artigo 496.º do novo CCm.

de 13 de Abril de 1963[21], como sendo: *"exercício com fins lucrativos da actividade bancária e das funções de crédito, nomeadamente a recepção, sob a forma de depósitos ou outras análogas, de disponibilidades monetárias que empreguem, por sua conta e risco, em operações activas de crédito a curto prazo ou outras que lhes sejam autorizadas por lei e a prestação dos serviços de transferências de fundos, de guarda de valores e de intermediários nos pagamentos e na colocação ou administração de capitais e de outros serviços de natureza análoga que a lei lhes não proíba"* (artigo 47.º).

Este diploma estabelecia um princípio de exclusividade: além do Estado, só as instituições de crédito podiam normalmente exercer funções de crédito e praticar os demais actos inerentes à actividade bancária.

O diploma em alusão previa como instituições de crédito (artigo 2.º):

a) Os institutos de crédito do Estado;
b) Os bancos emissores;
c) Os bancos comerciais; e
d) Os estabelecimentos especiais de crédito[22].

Os bancos comerciais que não revestissem a natureza jurídica de sociedades anónimas denominavam-se "casas bancárias", equiparadas aos restantes bancos comerciais, salvo no que para elas especialmente preceituavam nomeadamente os DL n.ᵒˢ 41.403, de 27 de Novembro de 1957, e 42.641, de 13 de Abril de 1963.

Os estabelecimentos especiais de crédito abrangiam, designadamente:

a) Os bancos de investimento;
b) As caixas económicas;
c) As cooperativas de crédito;

---

[21] Este diploma legal promulgou disposições destinadas a completar a execução do Decreto-Lei n.º 41.403, de 27 de Novembro de 1957, cujo escopo era a reorganização do sistema de crédito e da estrutura bancária.

[22] Esta redacção foi retomada no artigo 3.º do Decreto-Lei n.º 45.296, de 26 de Outubro de 1963. O artigo 5.º deste DL previa que poderia ser permitido, com as necessárias restrições a fixar em diploma regulamentar, o exercício de funções de crédito a pessoas singulares ou colectivas não compreendidas na enumeração do artigo 3.º.

d) A Companhia Geral do Crédito Predial Português. Este estabelecimento especial de crédito era equiparado aos bancos comerciais no respeitante às funções creditícias que não fossem dependentes ou resultassem da sua actividade como instituição de crédito predial.[23]

Como instituições com funções auxiliares de crédito, o DL 42.641 previa (artigo 3.º):

a) As bolsas e os corretores de fundos e câmbios;
b) As casas de câmbio.

Os bancos comerciais e os estabelecimentos especiais de crédito tinham por objecto exclusivo o exercício da actividade bancária, designadamente o exercício de funções creditícias.

A superintendência, coordenação e fiscalização da actividade das instituições de crédito cabiam ao Ministro das Finanças[24]. Quanto à função creditícia, competia, em especial, ao Ministro das Finanças fixar directivas ou adoptar providências destinadas a[25]:

a) Promover a coordenação do volume do crédito com o ritmo da actividade económica;
b) Orientar a distribuição do crédito, de acordo com as necessidades de cada um dos sectores económicos;
c) Promover a mobilização das poupanças e a sua orientação com vista ao financiamento do desenvolvimento económico, nomeadamente por emissão de títulos de crédito.

Entretanto, o Governo de Transição, no quadro dos Acordos de Lusaka, celebrados em 7 de Setembro de 1974, a quem cabia a direcção da gestão económica e financeira de Moçambique, veio a decretar que ao Ministro da Coordenação Económica competia, designadamente, determinar os mecanismos destinados a garantir a

---

[23] A Companhia Geral do Crédito Predial Português deixou de ter referência expressa no Decreto-Lei n.º 45.296, de 26 de Outubro de 1963.

[24] A superintendência e coordenação da actividade das instituições de crédito passaram, na vigência do Decreto-Lei n.º 45.296, de 26 de Outubro de 1963, a competir aos Ministros das Finanças e do Ultramar, enquanto a fiscalização passou a ser exercida por intermédio dos "governadores das províncias".

[25] Artigo 14.º do Decreto-Lei n.º 42.641, de 13 de Abril de 1963.

selectividade do crédito, fixar as taxas de juro das operações bancárias activas e passivas e os coeficientes de liquidez dos bancos comerciais[26].

Já no período pós-independência, pela Resolução n.º 11/80, de 31 de Dezembro[27], o Conselho de Ministros aprovou a política de crédito e de juros em Moçambique, num claro gesto de dirigismo bancário.

Entre outros princípios gerais que deveriam ser observados na concessão de crédito, essa Resolução previa os seguintes:

a) *O crédito é um instrumento para a realização dos objectivos da política económica do Partido FRELIMO e a sua concessão deve fundamentar-se nas prioridades do Plano Económico Nacional e apoiar o seu efectivo cumprimento;*

b) *O crédito deve contribuir para o aumento da produção e produtividade, com vista à satisfação das necessidades sempre crescentes do Povo e ao desenvolvimento duma economia independente, avançada e forte;*

c) *O crédito concedido deve ser utilizado para o fim estabelecido no contrato;*

d) *Todo o crédito deve ter cobertura ou garantia material e deve ser concedido por um prazo determinado e sujeito a juros.*

Como deveres específicos a cargo dos bancos, no âmbito da concessão de crédito, o documento citando estabelecia:

a) A necessidade de controlar rigorosamente a aplicação do crédito e assegurar o seu reembolso;

b) A planificação dos recursos disponíveis e a sua aplicação segundo as necessidades de crédito;

c) A prestação de contas sobre a realização dos planos de crédito aprovados.

Esta necessidade de rigor na selecção dos mutuários, em atenção à sua solvabilidade e ao escopo do crédito, decorria já da Lei Orgânica do Banco de Moçambique de 1975, em cujo artigo 38.º se previa que, na sua função como banco comercial, lhe competia orientar

---

[26] Decreto-Lei n.º 23/74, de 23 de Novembro, publicado no Boletim Oficial n.º 136, I série.

[27] Publicada no BR n.º 52, I série

o crédito directo, de forma a assegurar a sua selectividade de acordo com os objectivos da política económica do Governo, ter em consideração as possibilidades do seu reembolso, dentro dos prazos acordados, a capacidade de gestão dos mutuários e as garantias envolvidas, tendo em conta o equilíbrio empresarial próprio e dos demais agentes económicos.

Na senda da legislação anterior, a Lei n.º 28/91, de 31 de Dezembro, veio a considerar como instituições de crédito[28]:

a) Os institutos de crédito do Estado;
b) Os bancos comerciais;
c) As instituições especiais de crédito.

À semelhança do que preceituava o Decreto-Lei n.º 42.641[29], de 13 de Abril de 1963, a Lei n.º 28/91, de 31 de Dezembro, previa a figura de "casa bancária", definindo-a como instituição de crédito não constituída sob a forma de sociedade anónima, equiparada, em termos de funcionamento, a banco comercial. Outra regra aparentemente inspirada no mesmo Decreto-Lei[30] é a que permite o exercício de funções de crédito, com as necessárias restrições, a pessoas singulares e a pessoas jurídicas que não sejam institutos de crédito do Estado, bancos comerciais e instituições especiais de crédito[31].

O exercício, com carácter habitual e profissional, de funções de crédito por pessoas singulares ou colectivas não previstas na enumeração do artigo 5.º da Lei n.º 28/91, de 31 de Dezembro, veio a ser regulamentado pelo Decreto n.º 47/98, de 22 de Setembro.[32] Este

---

[28] Excluía já o banco emissor do rol das instituições de crédito. Note-se que o Banco de Moçambique foi criado através do Decreto n.º 2/75, de 17 de Maio, acumulando as funções de banco central, emissor e comercial. A separação institucional das funções de banco central das de banco comercial, que eram cumulativamente assumidas pelo Banco de Moçambique, teve lugar em 1992, com a aprovação da Lei n.º 1/92, de 3 de Janeiro. Na sequência, foi criado o Banco Comercial de Moçambique, SARL, através do Decreto 3/92, de 25 de Fevereiro.

[29] Cfr. § 1.º do artigo 3.º.

[30] Cfr. artigo 5.º.

[31] Nos termos do artigo 5.º, 3, a noção de instituições especiais de crédito compreende, nomeadamente, os bancos de investimento, as caixas económicas e as cooperativas de crédito.

[32] A existência legal deste tipo de instituições, não obstante a revogação da lei a que se reportava, encontra hoje cobertura na alínea b) do n.º 4 do artigo 7.º da LICSF. A Lei n.º 28/ 91, de 31 de Dezembro, foi expressamente revogada pela Lei n.º 15/99, de 1 de Novembro,

Enquadramento legal e caracterização das operações 31

diploma legal estabelece as condições em que pessoas físicas ou jurídicas, à excepção das sociedades comerciais, podem exercer funções creditícias: elas dedicam-se a operações financeiras de baixo valor, em benefício de pessoas de reduzidos rendimentos, excluídos, por assim dizer, do sistema bancário formal, tradicional[33].

É ao Banco de Moçambique que compete fixar os fundos mínimos que as entidades licenciadas ao abrigo do referido diploma devem afectar à actividade creditícia, os limites de crédito que as mesmas podem conceder, o regime de taxas de juro a serem praticadas nas operações de crédito, bem como fiscalizar as actividades e inspeccionar os locais onde as mesmas são exercidas[34].

---

que regula o estabelecimento e o exercício da actividade das instituições de crédito e das sociedades financeiras. Regulamentada pelo Decreto n.º 11/2001, de 20 de Maio, esta Lei prevê, no artigo 3, como espécies de instituições de crédito os bancos, as sociedades de locação financeira (*leasing*), as cooperativas de crédito, as sociedades de *factoring*, as sociedades de investimento e outras empresas que, correspondendo à definição legal de instituições de crédito, como tal sejam qualificadas por diploma legal específico. A Lei n.º 9/2004, de 21 de Julho, que introduz alterações à LICSF, veio acrescentar àquele leque: os microbancos e as instituições de moeda electrónica (artigo 3.º). Os microbancos podem revestir os seguintes tipos: Caixa Económica, Caixa de Poupança Postal, Caixa Financeira Rural, Caixa Geral de Poupança e Crédito.

[33] A Lei n.º 9/2004, de 21 de Julho, que introduziu alterações a várias disposições da LICSF, veio a prever a constituição de "microbancos", que define como "instituições de crédito que têm por objecto principal o exercício da actividade bancária restrita, operando, nomeadamente em microfinanças, nos termos definidos na legislação aplicável." E acrescenta: "Entende-se por microfinanças a actividade que consiste na prestação de serviços financeiros, essencialmente em operações de reduzida e média dimensão." (artigos 2.º, j) e 3, g)). Esta noção legal de microfinanças consta igualmente do artigo 1.º, 2, do Decreto n.º 57/2004, 10 de Dezembro.

[34] Note-se, a propósito, que num esforço no sentido da *democratização* do acesso aos serviços bancários e, especificamente, ao crédito, no Brasil, através da Medida Provisória n.º 122, de 25 de Junho de 2003 e da Resolução do Conselho Monetário Nacional n.º 3.109, de 24 de Julho de 2003, o Governo federal estabeleceu que os bancos comerciais, os bancos múltiplos com carteira comercial, a Caixa Económica Federal e as cooperativas de crédito deverão manter aplicadas em operações de microcrédito uma parcela dos recursos provenientes dos depósitos à vista captados junto do público.

2.1. Tipologia das operações bancárias

Têm sido propostas na doutrina diversas classificações de operações bancárias, a saber:

a) Operações comerciais, assim designadas aquelas em que o banco intervém como simples executante de pagamentos e cobranças por conta e ordem dos seus clientes, como fiel de valores ou como agente na colocação e administração de capitais, tendo como contrapartida, em regra, para além do valor correspondente às despesas efectuadas, uma comissão pelos serviços prestados, que pode consistir, designadamente, num prémio de cobrança, numa comissão de guarda ou de colocação do valor ou num prémio de transferência;

b) Operações financeiras, englobando-se nesta categoria as aplicações de capitais efectuadas pelos bancos por conta e risco próprios, nomeadamente as participações no capital de outras empresas e a subscrição ou compra de obrigações de dívida pública ou privada;

c) Operações de crédito, aquelas em que o banco surge quer como cedente, quer como recipiendário de fundos por crédito, recebendo ou pagando, por isso, normalmente, um juro. Nas operações de crédito, os bancos surgem como intermediários entre os que necessitam de dinheiro para fazer face às suas necessidades e os aforradores.

No âmbito desta última categoria de operações bancárias, distingue-se correntemente entre operações activas, nas quais o banco assume a qualidade de credor, e operações passivas, em que o mesmo surge como devedor[35].

---

[35] Sobre esta classificação, cfr., entre outros autores, Joaquin Garrigues, "Curso de Derecho Mercantil", Tomo II, 7.ª Edición, Revisada con la colaboración de Fernando Sanchez Calero, Madrid, 1980, págs. 165-166, Santiago Rivero Alemãn Adolfo, "Disciplina del Credito Bancário y protección del consumidor", Aranzadi Editorial, 1995, págs. 315 e ss; Pinto Coelho, Operações de banco, RLJ, n.º 81, 1948, págs. 18-19, Conceição Nunes, "Recepção de Depósitos e/ou outros fundos reembolsáveis", in Direito Bancário, Actas do Congresso Comemorativo do 150.º aniversário do Banco de Portugal, Revista da FADUL, Coimbra Editora, 1997; Paula Ponces Camanho, "Do Contrato de Depósito Bancário", Livraria Almedina, Coimbra, 1998, págs. 54 e ss, Saraiva Matias, "Direito Bancário",

Enquadramento legal e caracterização das operações 33

Paralelamente às operações activas e passivas, há ainda a considerar as operações neutras[36], entendidas como sendo aquelas que não implicam a concessão de crédito a nenhuma das partes nelas envolvidas. Constituem exemplos de operações neutras os depósitos de custódia, a mediação na emissão de valores mobiliários, transferências e serviços de pagamentos e cobranças e as operações sobre divisas. Trata-se, como é evidente, de uma classificação baseada num critério jurídico, em que se toma como elemento de referência o banco.

Entretanto, segundo outro critério, mais económico do que propriamente jurídico, distingue-se entre operações bancárias características ou fundamentais, assim consideradas aquelas em que as instituições de crédito realizam a sua função típica – de intermediação de crédito –, e operações subsidiárias ou acessórias, reportando-se às conexas com a actividade bancária típica.

No plano legal, o artigo 4.º, 1 da LICSF[37] identifica, em enumeração exemplificativa, operações bancárias, enquadráveis nas categorias acima referidas:

a) recepção, do público, de depósitos ou outros fundos reembolsáveis;

b) operações de crédito, incluindo concessão de garantias e outros compromissos[38];

c) operações de pagamentos;

d) emissão e gestão de meios de pagamento, tais como cartões de crédito, cheques de viagem e cartas de crédito;

Coimbra editora, 1998, págs. 95-96; Carlos Lacerda Barata, "Contrato de Depósito Bancário", in "Estudos em Homenagem ao Professor Doutor Inocêncio Galvão Telles", II, pág. 8; Rafael Boix Serrano, "Curso de Derecho Bancário", Editorial Revista de Derecho Privado, Editoriales de Derecho Reunidas, 1986, págs. 4 e ss.

[36] Ou "indiferentes", na terminologia de José Maria Martinez Val, "Derecho Mercantil", Bosch, Casa Editorial, S.A. – Urgel, 51 bis – Barcelona, págs. 509 e ss.

[37] Corresponde ao artigo 4.º, 1 do RGIC, na redacção dada pelo Decreto-Lei n.º 232/96, de 5 de Dezembro. É, alias, manifesta, em múltiplos aspectos, a identidade do regime legal das instituições de crédito e sociedades financeiras de Portugal e de Moçambique.

[38] Redacção dada pela Lei n.º 9/2004, 21 de Julho. Outra inovação trazida por esta lei foi a de permitir que os bancos exerçam *leasing* e *factoring*. O RGIC prevê estas duas modalidades de crédito no artigo 4.º, 1, b), na versão do DL n.º 319/2002, de 28 de Dezembro.

34 *Concessão de Crédito e Responsabilidade Bancária*

e) transacções, por conta própria ou alheia, sobre instrumentos do mercado monetário, financeiro e cambial;
f) participação em emissões e colocações de valores mobiliários e prestação de serviços correlativos;
g) consultoria, guarda, administração e gestão de carteira de valores mobiliários;
h) operações sobre metais preciosos, nos termos estabelecidos pela legislação cambial;
i) tomada de participações no capital de sociedades;
j) comercialização de contratos de seguro;
k) aluguer e guarda de valores;
l) consultoria de empresas em matéria de estrutura de capital, de estratégia empresarial e questões conexas;
m) outras operações análogas que a lei não proíba aos bancos.

Resumindo e concluindo, a concessão de crédito, conforme a classificação acima exposta, constitui:

a) Uma operação activa, na medida em que na relação obrigacional de crédito o banco figura como credor;
b) Uma operação característica ou fundamental, pois a concessão de crédito constitui, como melhor se desenvolverá em sede própria[39], uma actividade que, a par da captação de depósitos, integra o núcleo duro das funções das instituições de crédito.

2.2. **Noção legal de crédito**

Nos termos do artigo 2.º, 2, d) da LICSF, o crédito é o "acto pelo qual uma entidade, agindo a título oneroso, coloca ou promete colocar fundos à disposição de outra entidade contra a promessa de esta lhos restituir na data de vencimento, ou contrai, no interesse da mesma, uma obrigação por assinatura."[40/41]

---

[39] *Infra*, ponto 3 do sumário.

[40] Trata-se de uma definição recuperada do artigo 2.º, 2 do já citado Decreto n.º 47/98, de 22 de Setembro, que estatuía: *"Para efeitos do número anterior, considera-se concessão de crédito o acto pelo qual uma entidade, agindo a título oneroso, coloca ou promete*

Tomando por base esta noção legal, resulta constituírem elementos nucleares do conceito de crédito os seguintes:

a) Os sujeitos envolvidos na relação jurídica de crédito – do lado activo, as entidades que disponibilizam fundos ou prometem fazê-lo ou ainda contraem uma obrigação por assinatura a favor de outra entidade e, do lado passivo, os beneficiários dos mesmos.

O crédito pode ser concedido quer individualmente, envolvendo uma única instituição de crédito e um ou mais devedores, quer com a participação de várias instituições de crédito, mas com um único contrato de crédito. Fala-se, neste último caso, de sindicatos de crédito[42], cuja constituição é justificada pela necessidade de concessão de crédito que envolva elevadas somas em dinheiro. Entre as instituições de crédito envolvidas na operação estabelece-se um vínculo de colaboração tendo em vista um fim comum – além da conjugação de esforços financeiros, tais instituições buscam a partilha entre si dos riscos inerentes à operação. Os sindicatos bancários assentam, em regra, em dois contratos, a saber: contrato de crédito, que as instituições de crédito celebram com a sua clientela, e acordo interbancário, que se estabelece entre essas instituições financeiras com vista à *concessão* de crédito.

Entre as entidades envolvidas na operação, há, em geral, um banco agente, que funciona como mandatário das demais.

---

colocar fundos à disposição de outra entidade contra a promessa de esta lhe restituir na data de vencimento, ou contrai, no interesse da mesma, uma obrigação por assinatura".

Esta noção legal de crédito consta igualmente do artigo 2.º, 2, e) da Lei n.º 9/2004, de 21 de Julho, e do artigo 1.º, 4, a) do Decreto n.º 57/2004, 10 de Dezembro. Por seu turno, a Lei n.º 1/99, de 23 de Abril, Lei das Instituições Financeiras da República de Angola, define o crédito como o "acto pelo qual uma instituição de crédito ou sociedade financeira, agindo a título oneroso, coloca ou promete colocar fundos à disposição de uma entidade contra a promessa desta lhe restituir na data de vencimento ou contrai, no interesse da mesma, uma obrigação por assinatura, tal como por garantia" (artigo 2.º, h)).

[41] Sob a designação genérica de contrato de crédito, acha-se abrangida uma multímoda variedade de modalidades, umas tradicionais e outras modernas, de que, a seu tempo, em termos necessariamente perfunctórios, nos ocuparemos, *infra*, ponto 6 do sumário.

[42] Sobre os sindicatos bancários, cfr. Luís Vasconcelos Abreu, "Os sindicatos bancários no Direito Português", in "Estudos em Homenagem ao Professor Inocêncio Galvão Telles", II, págs. 519-564.

No que respeita ao enquadramento normativo, há que referir que o artigo 46.º da LICSF proíbe as instituições de crédito e sociedades financeiras de efectuar transacções ou de implementar práticas concertadas que lhes possibilitem, individual ou conjuntamente, o domínio do mercado monetário, financeiro ou cambial. Contudo, a disposição em referência exclui expressamente do leque dos actos restritivos da concorrência os acordos legítimos entre as instituições de crédito ou sociedades financeiras e as práticas concertadas que tenham como escopo, nomeadamente, a *concessão de crédito ou outros apoios financeiros de elevado montante a uma empresa ou a um conjunto de empresas* (artigo 46.º, 3, b)).

b) O tempo – o crédito traduz-se numa prestação de um bem presente (fundos) contra a promessa da sua restituição no futuro[43]. O direito do credor consiste, na expressão concisa de José Simões Patrício, num "direito, actual, de exigir a restituição, futura".[44] Com efeito, o devedor beneficia de uma antecipação de fundos por virtude do crédito e o dador deste passa, correlativamente, a gozar do direito de crédito, que lhe permite exigir do primeiro a restituição das somas disponibilizadas no termo do prazo fixado. Portanto, a prestação do

---

[43] Como escreve Joaquin Garrigues, op.cit., pág. 166, na concessão de crédito "se produce una pausa entre el ejercicio del derecho por parte del acreedor y el cumplimiento de la obligación por parte del deudor". E acrescenta: *"En el património del acreditado entra una cosa con carácter definitivo, y al próprio tiempo nace una obrigación de cumplimiento diferido."* A componente tempo está também expressa na definição de J.J. Teixeira Ribeiro. Para o Autor, o crédito consiste na "cedência da disponibilidade efectiva de um bem, por uma contraprestação futura consistente em um bem análogo ao primeiro." ("Economia Política (Moeda)", Pol., Coimbra, 1962/3, pág. 53).

[44] "Direito do Crédito. Introdução", Lex Edições Jurídicas, Lisboa, 1994, pág. 49. A questão do tempo é também destacada por Maria Ambrosio, in "Le Operazione bancarie in generale" – Direito Bancário, Actas do Congresso Comemorativo do 150.º aniversário do Banco de Portugal – 22-25 de Outubro de 1996, Revista da Faculdade de Direito da Universidade de Lisboa, Coimbra Editora, 1997, pág. 37: *"comunemente ed in termini generici si intendono per operazioni bancarie quelle attività delle banche che si concretano nell'aquisizione e concessione di disponibilità temporanea di moneta secondo un generalissimo e elementare schema: "danaro-tempo-danaro".*

credor e a contraprestação a cargo do devedor não se efectivam em simultâneo[45];

c) A confiança – factor primordial nas operações de crédito é a confiança que o credor tem na solvabilidade do devedor[46/47]. Ela traduz a convicção que o credor tem de que o devedor irá restituir-lhe os fundos emprestados, na data e segundo as demais condições ajustadas;

d) A promessa de restituição – aos factores tempo e confiança, acresce a promessa de restituir os fundos. Na verdade, o credor somente concederá crédito se confiar na solvabilidade do devedor e também se este promete restituir os fundos colocados à sua disposição, nas condições acordadas, no que respeita, designadamente, aos juros e aos prazos e planos de amortização. A promessa é, na prática, reforçada pelas garantias reais e pessoais associadas à operação de crédito;

e) A onerosidade – quando as instituições de crédito colocam fundos à disposição dos que deles carecem fazem-no a título oneroso, isto é, com intuito lucrativo. Com efeito, qualquer das partes envolvidas na relação creditícia suporta esforços económicos, simultaneamente com vantagens correlativas. O credor fica, durante o tempo em que tal relação durar, privado dos fundos, o que o devedor compensará com o pagamento de juros[48/49/50/51], cuja taxa pode ser, durante a vigência

---

[45] Quando a prestação e a contraprestação se realizam simultaneamente com a celebração do contrato, está-se em presença de uma operação à vista ou a contado. Há troca a termo quando a prestação do credor e a contraprestação têm lugar simultaneamente no futuro.

[46] Realçando o pressuposto da confiança no mercado do crédito, João Calvão da Silva, "Direito bancário", pág. 12 e Simões Patrício, "Recusa de crédito bancário", Coimbra, 1988, pág. 10.

[47] No sentido, porém, de resto pacífico, de que pode haver confiança sem crédito e operação de crédito mesmo sem confiança, João António Lopes Cardoso, "Alguns aspectos da responsabilidade do banqueiro", in "Temas de Direito Comercial", Almedina, Coimbra, 1986, pág. 236.

[48] É vasta a tipologia dos juros, ocorrendo mencionar a seguinte: a que distingue entre os juros voluntários, os que resultam de convenção das partes, e legais, os que decorrem directamente de imposição da lei; remuneratórios, assim designados os que se destinam a remunerar o capital, e moratórios, os que visam ressarcir o mutuante dos danos resultantes do incumprimento dos prazos de reembolso. Num outro critério, distingue-se entre os juros compulsórios e os compensatórios, assim denominados, respectivamente, os que se destinam

do contrato, fixa ou variável. Os negócios realizados pelas instituições de crédito no âmbito das suas actividades profissionais presumem-se de escopo lucrativo[52]. Nada obsta, porém, a que uma instituição de crédito pratique actos isolados sem finalidade lucrativa. É, pois, à luz das suas actividades no seu conjunto que se afere o fim lucrativo.

---

a compelir o mutuário ao pagamento do montante devido e os que visam compensar a depreciação do capital desembolsado. Fala-se ainda em juros civis, comerciais ou bancários, conforme os intervenientes na operação.

[49] A obrigação de juros constitui uma espécie, entre outras, de obrigações previstas nos artigos 559.º a 561.º do CC. Quanto ao mútuo civil, o artigo 1146.º do mesmo Código prevê disposições sobre a usura. Com o fito de obstar a uma desproporção grave entre a prestação do mutuante e a contraprestação do mutuário, o preceito em referência considera usurário o mútuo em que sejam estipulados juros anuais superiores a oito ou dez por cento, conforme haja ou não uma garantia real. Considera-se ainda usurária a cláusula penal que fixe, a título de indemnização devida pela falta de restituição do empréstimo, relativamente ao tempo de mora, mais do que o correspondente a doze ou catorze por cento, conforme exista ou não garantia real. No CCm, sob a influência do liberalismo, consagrou-se o princípio da liberdade na fixação dos juros (cfr. artigo 102.º). Todavia, o diploma estabelece que no caso de se não ter estipulado a taxa de juro, ou esta não ser válida em virtude de não revestir a forma escrita, ou ainda no caso de os juros serem devidos por disposição legal, os juros comerciais são de 5%. Quanto ao crédito comercial, nos termos do artigo 25.º, 2 da Lei n.º 1/92, de 3 de Janeiro, compete ao Banco de Moçambique fixar as respectivas taxas de juro. Entretanto, actualmente as taxas de juro acham-se liberalizadas. No caso das entidades licenciadas ao abrigo do Decreto n.º 47/98, de 22 de Setembro, a liberalização das taxas de juro foi determinada pelo Aviso n.º 1/99, do Governador do Banco de Moçambique, de 6 de Janeiro.

[50] Terá sido o artigo 71.º do Código de Hamurabi a primeira lei destinada a regulamentar a usura – os credores que excedessem as taxas de juro eram privados do reembolso da quantia mutuada. Sobre mais detalhes, cfr. Rosa-Maria Gelpi e François Julien-Labruyère, "História do Crédito ao Consumo", Principia, 1.ª Edição, 2000, págs. 31 e ss. Sobre a evolução histórica dos empréstimos a juros, ver, entre outros autores, Maria Manuel Leitão Marques *et alia*, "O endividamento ...", págs. 12 e ss.

[51] Sobre a legitimidade dos juros, José Maria Pires, "Direito Bancário", 2.º volume – As operações bancárias, Editora Rei dos Livros, pág. 182 e Menezes Cordeiro, Manual, págs. 577 e ss.

[52] A característica da onerosidade dos negócios celebrados e dos serviços prestados pelo empresário comercial está prevista no artigo 464.º do novo CCm.

3. ENQUADRAMENTO INSTITUCIONAL DA CONCESSÃO DE CRÉDITO

As instituições de crédito são definidas na LICSF como sendo "empresas (...) cuja actividade consiste (...) em receber do público depósitos ou outros fundos reembolsáveis, (...) a fim de os aplicarem por conta própria mediante a concessão de crédito" (artigo 2.º, 1, a))[53].

Trata-se de um conceito de base económica, que põe em destaque a função de intermediação assumida pelas instituições de crédito[54]. As instituições de crédito são, desde logo, definidas como empresas, o que equivale a dizer que exercem a sua actividade profissionalmente – isto é, de modo sistemático, normal, habitual, não esporádico, e dispõem de organização em ordem à realização dos seus fins[55].

Como resulta desta noção legal, o objecto das instituições de crédito é cumulativo:

a) Recepção, do público[56], de depósitos e outros fundos reembolsáveis[57]; e

b) Concessão de crédito.

---

[53] O artigo 2.º, 1, a) da Lei n.º 9/2004, de 21 de Julho, introduz ligeiras alterações a esta definição.

[54] Cfr. Eduardo Paz Ferreira, Direito da Economia, Reimpressão, Lisboa, 2002, pág. 421.

[55] Relativamente à noção de empresa, cfr. entre outros autores, Menezes Cordeiro, "Da responsabilidade civil dos administradores das sociedades comerciais", Lex Lisboa, 1997, págs. 498-523, Fernando Olavo, "Manual de Direito Comercial", vol. 1, pág. 250, Freitas do Amaral, "Direito Administrativo", Livraria Almedina, Coimbra, 1993, vol. I, pág. 340, Jorge Manuel Coutinho de Abreu, "Da empresarialidade (as empresas no direito)", Coimbra, Almedina, 1996, pág. 304 e ss e Iva Carla Vieira e Maria Manuel Busto, "Manual Jurídico da empresa", ECCLA Editora, Porto, 1990, págs. 17 a 31.

[56] Sobre a noção de público, v. Augusto Albuquerque de Athayde e Duarte de Athayde, "Curso de Direito Bancário", vol. 1, Coimbra Editora, 1999, págs. 242 e ss.

[57] O artigo 98.º da LICSF estabelece uma moldura penal de um a dois anos de prisão e multa correspondente a quem exercer actividade que consista em receber do público, por

Perante o texto da Lei ("...receber, do público, depósitos ou outros fundos reembolsáveis, a fim de os aplicarem por conta própria mediante a concessão de crédito..."), poderá eventualmente colocar--se a questão de se saber se os depósitos ou outros fundos reembolsáveis estão vinculados à concessão de crédito.

É pacífico na doutrina o entendimento de que a recepção, do público, de depósitos ou outros fundos reembolsáveis representa o modo típico de as instituições de crédito financiarem as suas operações activas, *maxime* a concessão de crédito. Portanto, a lei não impõe que as poupanças captadas do público sejam afectas obrigatória e exclusivamente à concessão de crédito, podendo, pois, ter outras aplicações que ela não vede[58/59], nomeadamente transacções por conta própria sobre instrumentos de mercado monetário, cambial e financeiro e participação no capital de sociedades.

As instituições de crédito detêm o exclusivo do exercício da actividade de recepção, do público, de depósitos ou outros fundos reembolsáveis para aplicação por conta própria, se bem que a LICSF preveja, no n.º 3 do artigo 7.º excepções quanto ao Estado, às autarquias locais, aos fundos e institutos públicos dotados de personalidade jurídica e autonomia administrativa e financeira e às seguradoras, no

---

conta própria ou alheia, depósitos ou outros fundos reembolsáveis, sem que para tal tenha a necessária autorização, salvo nos casos previstos no n.º 3 do artigo 7.º da mesma Lei. A captação de poupança era uma das marcas fundamentais que distinguiam o comum das instituições de crédito das instituições microfinanceiras. Contudo, o Decreto n.º 57/2004, 10 de Dezembro, veio a prever, no seu artigo 34.º, que os microbancos poderão, com as condicionantes fixadas no artigo seguinte: conceder crédito, captar depósitos do público e realizar outras operações e serviços estritamente necessários à concessão de crédito e captação de depósitos. Todavia, os microbancos do tipo Caixa Geral de Poupança poderão realizar as mencionadas actividades sem as condicionantes estabelecidas no artigo 35.º do Decreto 57/2004, de 10 de Dezembro. O artigo 200.º do RGIC fixa uma pena de prisão até três anos.

[58] Neste sentido, Fernando Conceição Nunes, "Recepção de Depósitos e/ou outros fundos reembolsáveis", in Direito Bancário, Actas do Congresso Comemorativo do 150.º aniversário do Banco de Portugal, comentando o artigo 2.º do RGIC (correspondente à noção legal de instituição de crédito prevista na LICSF), aprovado pelo DL 298/92, de 31 de Dezembro, o qual visava transpor para o direito interno português a 2.ª directiva de coordenação bancária da União Europeia (Directiva 89/646/CEE, de 15 de Dezembro de 1989).

[59] Cfr., a este propósito Alberto Luís, "O problema da responsabilidade civil dos bancos por prejuízos que causem a direitos de crédito", in ROA, Dezembro de 1999, pág. 895.

que respeita às operações de capitalização, quando disposições legais, regulamentares ou estatutárias aplicáveis o permitam.

Por seu turno, a actividade de concessão de crédito a título profissional é também, em regra, reservada às instituições de crédito. Contudo, a lei admite que outras entidades realizem a actividade de concessão de crédito[60]:

a) fundos e institutos públicos dotados de personalidade jurídica e autonomia administrativa e financeira, desde que tal actividade esteja prevista nos diplomas legais que regulam a sua actividade;

b) pessoas singulares e outras pessoas colectivas, excluindo o Estado e as autarquias locais, nos termos da legislação aplicável[61].

Além das mencionadas actividades, que constituem a essência do objecto das instituições de crédito (recepção de depósitos e de outros fundos reembolsáveis e concessão de crédito), o artigo 4.º da LICSF, como ficou referido, prevê outras funções dos bancos, numa enumeração assumidamente exemplificativa ("outras operações análogas e que a lei lhes não proíba").[62]

O protótipo das instituições de crédito são os bancos. Embora de âmbito universal, nada obsta a que estes se especializem em determinadas operações[63].

As restantes instituições de crédito somente podem efectuar as operações que lhes sejam permitidas pelos diplomas normativos que regem a respectiva actividade – n.º 2 do artigo 4.º [64]. Princípio idêntico, expresso no artigo 6.º, preside ao funcionamento das sociedades financeiras.

---

[60] Corresponde ao que Menezes Cordeiro, "Manual...", pág. 299, sugestivamente designa por "situação bancária sem banqueiro".

[61] Redacção dada pela Lei n.º 9/2004, de 9 de Julho.

[62] São de acrescentar à enumeração exemplificativa do artigo 230.º do CCm de 1888: as actividades das instituições de crédito a que se refere o já citado artigo 4.º da LICSF são objectivamente mercantis, sendo comerciantes as empresas que a elas se dedicam.

[63] Cfr. artigo 32.º do Decreto n.º 11/2001, de 20 de Maio, que aprova o Regulamento da Lei n.º 15/99, de 1 de Novembro.

[64] Corresponde hoje ao artigo 4.º, 3 da Lei n.º 9/2004, de 9 de Julho.

Com efeito, a LICSF e o respectivo regulamento impõem às demais instituições de crédito que não sejam bancos e às sociedades financeiras apertadas restrições, quer no que concerne à recepção de depósitos ou de outros fundos reembolsáveis, quer quanto às operações de crédito.

Assim, ilustrando o que se acaba de dizer:

a) as cooperativas de crédito somente podem receber depósitos dos seus associados e apenas a estes podem conceder crédito, o que, porém, não impede que o façam aos seus trabalhadores no âmbito da sua política de pessoal (artigo 47.º, 1 do Decreto n.º 57/2004, de 10 de Dezembro);

b) as sociedades de investimento podem efectuar operações de crédito não destinadas a consumo (artigo 54.º,1, a) do Decreto n.º 56/2004, de 10 de Dezembro);

c) as sociedades corretoras, as sociedades gestoras de fundos de investimento, as sociedades gestoras de patrimónios e as sociedades administradoras de compras em grupos não podem conceder crédito sob qualquer forma (artigos 69.º, 2, 77.º, d), 84.º, 1, a), 97.º, 1, b), todos do Decreto n.º 57/2004, de 10 de Dezembro);

d) as sociedades de capital de risco só podem conceder crédito (incluindo a prestação de garantias) às sociedades nas quais possuam participação, apenas por via de contratos de suprimentos não renováveis rubricados com essas sociedades (artigo 91.º, 1, d) do citado diploma);

e) Os operadores de microcrédito previstos no artigo 5.º do Decreto 57/2004, de 10 de Dezembro, só podem realizar operações de crédito nos termos e limites definidos pelo Banco de Moçambique (artigo 58.º do mesmo diploma).

3.1. Delimitação negativa das actividades das instituições de crédito

No artigo 8.º da LICSF estabelece-se uma delimitação negativa do quadro de actividades que se integram no objecto das instituições de crédito. Com efeito, nas alíneas a) a e) deste artigo acham-se enumerados os seguintes casos que não representam uma actividade normal de concessão de crédito:

Enquadramento institucional da concessão de crédito

a) os suprimentos e outras formas de empréstimos e adiantamento entre uma sociedade e os respectivos sócios

Designam-se suprimentos as quantias entregues pelo sócio à sociedade, com o objectivo de concorrer para os fins desta, assumindo, em relação à sociedade, além da posição de sócio, com os direitos e obrigações que lhe são inerentes, a de credor. Com Vaz Serra[65], os suprimentos são efectuados pelo sócio sem que este queira assumir, quanto a eles, a posição que resultaria da entrada do seu montante para o capital social, constituindo, portanto, prestações voluntárias de dinheiro à sociedade, estando, por conseguinte, sujeitas, em princípio, dado o seu carácter voluntário, às regras gerais do mútuo[66]. O contrato de suprimento não obedece a forma especial.

Entre as "outras formas de empréstimos e adiantamento entre a sociedade e os respectivos sócios" a que a disposição legal citada alude, devem incluir-se as prestações suplementares, as quais realizam as mesmas funções do contrato de suprimento, nomeadamente o reforço do património para uma melhor realização do objecto social ou para a cobertura de perdas de capital[67] e são feitas necessariamente em dinheiro (artigo 311.º, 3 do novo CCm). Todavia, elas tornam-se obrigatórias quando previstas no pacto social (artigos 17.º a 19.º da LSQ)[68].

---

[65] RLJ, ano 93.º, "Notas sobre contrato de mútuo", 103-439.

[66] Na mesma orientação, o Acórdão da Relação de Lisboa, de 31 de Outubro de 1978, publicado na Colectânea de Jurisprudência, 1978, 4.º, pág. 1372, considera que os suprimentos em dinheiro feitos pelos sócios a uma sociedade comercial por quotas constituem verdadeiros empréstimos ou mútuos. Refira-se que o n.º 1 do artigo 243.º do CSC define o contrato de suprimento como sendo "O contrato pelo qual o sócio empresta à sociedade dinheiro ou outra coisa fungível, ficando aquela obrigada a restituir outro tanto do mesmo género e qualidade, ou pelo qual o sócio convenciona com a sociedade o diferimento do vencimento de créditos seus sobre ela, desde que em qualquer dos casos o crédito fique tendo carácter de permanência". Desta noção, resulta serem características do contrato de suprimento:

1. o mútuo do sócio à sociedade; e

2. o diferimento do vencimento de um crédito que o sócio detém sobre a sociedade.

[67] Sobre o conceito e finalidades de prestações suplementares, J. Pires Cardoso, "Noções de Direito...", pág. 201 e Raul Ventura, Sociedades por Quotas, BMJ 182.º, 1966, 210-212.

[68] A LSQ foi revogada pelo DL n.º 2/2005, de 27 de Dezembro.

A razão fundamental da exclusão dos suprimentos e outras formas de empréstimos e adiantamentos entre a sociedade e os respectivos sócios radica em os mesmos não corresponderem a um exercício habitual, profissional, da actividade creditícia, mas a actos meramente pontuais, acessórios ou instrumentais.

b) empréstimos concedidos por empresas aos seus trabalhadores no âmbito da sua política social.

É manifesto o preciosismo do legislador. Na verdade, tratando--se de empresas cujo objecto social não seja o exercício da actividade creditícia, a omissão na lei da previsão desta disposição não suscitaria quaisquer confusões. Efectivamente, mesmo que se trate de crédito concedido por uma instituição de crédito aos seus empregados na forma de financiamentos bonificados, vulgo crédito social, não se trata aí de concessão de crédito no âmbito da sua actividade profissional.

Trata-se duma solução que se harmoniza com a previsão do artigo 46.º da LICSF, que veda a concessão de crédito a membros dos órgãos sociais, salvo tratando-se de crédito social[69].

c) As dilações ou antecipações de pagamentos acordadas entre as partes em contratos de aquisição de bens ou serviços.

Não raras vezes, os produtores e fornecedores concedem aos clientes facilidades na aquisição dos seus bens ou serviços, que consistem numa dilação de pagamento. Inversamente, os adquirentes de bens ou serviços podem efectuar o pagamento do preço antecipadamente ao fornecimento ou prestação dos mesmos. Estas realidades características do mundo do comércio estão excluídas do âmbito das actividades creditícias reservadas às instituições de crédito e sociedades financeiras.

---

[69] Entre nós, o Aviso n.º 7/2001, de 7 de Novembro, obriga as instituições de crédito a remeter ao Banco de Moçambique regulamentos internos ou instrumentos equiparados (e respectivas alterações) sobre o crédito social a membros dos órgãos de administração ou de fiscalização.

Enquadramento institucional da concessão de crédito

d) Operações de tesouraria[70], quando legalmente permitidas, entre sociedades que se encontrem numa relação de domínio ou de grupo.

Esta disposição exclui do leque das operações de crédito, para efeitos da lei, as operações financeiras, incluindo empréstimos, que sociedades coligadas ou em relação de domínio realizam entre si para fazerem face a dificuldade momentâneas de caixa.

e) a emissão de senhas ou cartões para pagamento dos bens ou serviços fornecidos pela empresa emitente.

As senhas e os cartões constituem forma de crédito concedido por produtores ou fornecedores de bens e serviços aos seus clientes[71]. Com as senhas, procede-se a um pré-pagamento de bens ou serviços e com os cartões permite-se a aquisição dos mesmos a crédito[72].

Em qualquer dos casos, não se trata de exercício de funções creditícias. Na verdade, o fornecimento de bens e serviços mediante senhas ou cartões não constitui um fim em si mesmo, antes sendo uma actividade de natureza instrumental.

Diversos destas realidades, figuram os cartões bancários, que podem funcionar como meio de pagamento (débito) e/ou como forma de concessão de crédito.

O Decreto n.º 11/2001, de 20 de Março, estabelecia, no artigo 34.º, o princípio de exclusividade na emissão de cartões: somente os bancos a operar no país – estatuía o n.º 1 – estavam autorizados a

---

[70] São exemplos de operações de tesouraria: a concessão de empréstimos a curto ou a médio prazo no mercado interbancário e a compra e venda de divisas a bancos estrangeiros.

[71] No direito português, também não são considerados cartões de crédito os cartões emitidos para pagamento dos bens e serviços fornecidos pela empresa emitente (artigo 1.º n.º 2 do Decreto-Lei n.º 166/95, de 15 de Julho). No mesmo sentido, artigo 34.º, 2, *in fine*, do Decreto n.º 11/2001, de 20 de Março.

[72] Os cartões privativos ou dos comerciantes e as senhas assentam numa relação bilateral, visto envolverem dois intervenientes: o titular desses cartões ou senhas e o respectivo emitente, que é ao mesmo tempo o fornecedor dos bens ou serviços. Sobre os diversos tipos de cartões de pagamento, cfr. Menezes Cordeiro, "Manual...", págs. 560 e ss e Adelino Lopes Aguiar, "O dinheiro de plástico – Cartões de crédito e de débito – novos meios de pagamento. Legislação", Rei dos Livros, Editor, Lisboa, 1998.

emitir e gerir cartões utilizáveis como meios de pagamento. Estendia, porém, essa prerrogativa às cooperativas de crédito, em termos de estas poderem emitir cartões a favor dos seus sócios. A Lei n.º 9/2004, de 21 de Julho, que introduziu alterações a várias disposições da LICSF, veio prever a constituição de sociedades emitentes ou gestoras de cartões de crédito (artigo 5.º, g)). O respectivo regulamento estabelece que além das sociedades emitentes ou gestoras de cartões de crédito somente podem emitir ou gerir cartões de crédito os bancos e as instituições de crédito para o efeito especialmente autorizadas pelo Banco de Moçambique.

Enfim, os financiamentos referidos nas alíneas acima transcritas constituem actos meramente acessórios, não configurando o exercício normal de funções creditícias reservadas a instituições de crédito, ainda que não sejam ocasionais mas antes regulares, como sucede com o crédito social.

Ainda no domínio da actividade creditícia, cabe referir o regime estabelecido pela Lei n.º 1/92, de 3 de Janeiro. O artigo 42.º veda ao Banco de Moçambique, em atenção à sua missão e objectivos como Banco Central, a:

a) aceitação de depósitos e a concessão de crédito, quer a pessoas singulares, quer a pessoas colectivas, salvo tratando-se de instituições de crédito; e

b) realização de outras operações próprias de bancos comerciais.

4. A INTERVENÇÃO DA AUTORIDADE PÚBLICA NA REGULAÇÃO DA DISTRIBUIÇÃO DO CRÉDITO

Sob este título genérico, pretendemos abranger três realidades concernentes à disciplina da actividade bancária, especialmente no que respeita à actividade creditícia:

a) Directivas emanadas do Banco Central e regras de conduta;
b) Restrições à concessão de crédito; e
c) Riscos de crédito.

4.1. Directivas emanadas do Banco Central[73] e regras de conduta

A dimensão publicística dos interesses imanentes ao sector do crédito[74] é evidenciada por intervenções legislativas que estabelecem normas e princípios de controlo interno e externo e cominam sanções aplicáveis às instituições de crédito e respectivos gestores prevaricadores.

Desde logo, o legislador entendeu prescrever como finalidades prosseguidas pelo Banco de Moçambique, no quadro do seu objecto principal, entre outras previstas no artigo 3.º da Lei n.º 1/92, de 3 de Janeiro:

---

[73] Na senda da Lei n.º 1/92, de 3 de Janeiro, a nova CRM consagra o Banco de Moçambique como o Banco Central da República de Moçambique (artigo 132.º, 1). Esta é a primeira vez que o Banco de Moçambique tem assento constitucional. De acordo com o novo texto da Constituição, os actos do Governador no exercício exclusivo das suas competências revestem a forma de aviso (artigo 143.º, 5).

[74] A captação de poupanças e a concessão de crédito são actividades comerciais com relevância pública, independentemente de a instituição de crédito ser pública ou privada.

a) Orientar a política de crédito com vista à promoção do crescimento e desenvolvimento económico e social do país[75];

b) Disciplinar a actividade bancária.

No âmbito das suas funções de supervisor das instituições financeiras, compete ao Banco de Moçambique, designadamente:

a) Estabelecer directivas para a actuação dessas instituições;

b) Assegurar os serviços de centralização de informações e de riscos de crédito.

De acordo com as linhas de orientação definidas pela Lei Orgânica do Banco Central, a actividade creditícia deve ser exercida tendo em vista contribuir para o crescimento e desenvolvimento económico e social do país[76]. É ao serviço deste fim último que a Lei atribui ao Banco de Moçambique competência para emitir instruções relativas ao volume, estrutura, termos e condições do crédito a conceder pelas instituições financeiras e controlar a sua aplicação.

No âmbito dessa competência, cabe apontar, a título meramente exemplificativo, os seguintes Avisos emanados do Governador do Banco de Moçambique:

(i) Aviso n.º 1/99, de 10 de Fevereiro, que fixa os fundos mínimos, limites de créditos e o regime de taxas de juro aplicáveis às instituições de microfinanças;

(ii) Aviso n.º 5/99, de 26 de Fevereiro, que estabelece rácios e limites prudenciais;

(iii) Aviso n.º 11/99, de 30 de Dezembro, que prevê normas de controlo interno a serem observadas pelas instituições de crédito e sociedades financeiras[77];

---

[75] Até à década de 1920, não havia qualquer menção específica nas leis orgânicas dos bancos centrais ao controlo do crédito como constituindo um dos seus objectivos. Para mais desenvolvimentos sobre esta temática, cfr. M. H. de Kock, "A Banca Central", Banco de Portugal, Lisboa, 1982, págs. 193 e seguintes.

[76] Já a referida Resolução n.º 11/80, de 31 de Dezembro, publicada no BR n.º 52, I série, que aprovou a política de crédito e de juros em Moçambique, previa que *"O crédito deve contribuir para o aumento da produção e produtividade com vista à satisfação das necessidades sempre crescentes do nosso Povo e ao desenvolvimento duma economia independente, avançada e forte."*

[77] Entre outros fins, enunciados no artigo 4.º, tem-se em vista o controlo dos riscos da actividade das instituições, aí incluídos os riscos de crédito, de mercado e de liquidez e a

A intervenção da autoridade pública na regulação 49

(iv) Aviso n.º 7/2001, de 12 de Outubro, sobre crédito correlacionado, que complementa as normas de conduta contidas na LICSF, no que respeita aos conflitos de interesse; e

(v) Aviso n.º 2/2002, de 12 de Março, que altera o artigo 3.º do Aviso n.º 5/99, 12 de Março.

A actuação das instituições de crédito e sociedades financeiras é ainda orientada por normas referentes ao perfil dos titulares dos órgãos sociais e por um conjunto de "regras de conduta", de que nos ocuparemos em lugar próprio, *infra* ponto 7.1.5.3 do sumário.

Neste domínio, o artigo 19.º,1 da LICSF impõe, como critérios de selectividade para o desempenho das funções de membros dos órgãos de administração e fiscalização das instituições de crédito e sociedades financeiras, a idoneidade e a experiência[78]. Assim, os titulares dos órgãos sociais devem ser pessoas providas da necessária capacidade para garantir uma *"gestão sã e prudente, tendo em vista, de modo particular, a segurança dos fundos que lhes forem confiados*[79]*."* (artigo 19.º, 1)[80]

Consciente o legislador da carga de subjectividade inerente ao critério da idoneidade, estabeleceu, por via duma enumeração meramente exemplificativa (*"Entre outras circunstâncias atendíveis..."*), um elenco de factores que indiciam a falta da mesma.

---

prudente e adequada avaliação dos activos e das responsabilidades, designadamente para efeitos de constituição de provisões.

[78] Nos mesmos termos, já o artigo 3.º-2 da Directiva da C.E.E. de 12 de Dezembro de 1977 prescrevia que *"as autoridades nacionais competentes não concederão autorização de orientar a actividade da instituição de crédito a pessoas que não possuam a honorabilidade necessária ou a experiência adequada para exercer tais funções."* A matéria sobre a idoneidade e experiência dos titulares dos órgãos sociais é hoje regulada, no direito português, nos artigos 30.º e 31.º do RGIC.

[79] Um dos critérios atendíveis na apreciação de requerimentos para a constituição de instituições de créditos era, já na vigência da Lei n.º 28/91, de 31 de Dezembro, justamente a garantia de que os fundos às mesmas confiados fossem devidamente geridos (artigo 13.º, 2, c)). A falta de garantias do cumprimento das obrigações para com os credores, especialmente no que concerne à segurança dos fundos que tiverem sido depositados nas instituições de crédito, constituía uma das causas para a revogação, por Decreto do Conselho de Ministros, da autorização do seu funcionamento.

[80] Corresponde ao artigo 19.º,2 da Lei n.º 9/2004, de 21 de Julho.

Tratando-se, porém, de meros factos indiciadores – e não de verdadeiros impedimentos – o Banco Central, perante pedidos concretos que lhe sejam submetidos, ponderará e decidirá discricionariamente sobre a idoneidade ou não dos candidatos a gestores.[81]

No que respeita à experiência profissional, importa que, nos termos do artigo 20.º, a mesma seja adequada ao desempenho das funções, o que se presume no caso de a pessoa ter anteriormente assumido funções no domínio financeiro ou dispor de reconhecida competência em matéria económica, jurídica ou de gestão. Trata-se, visivelmente, de uma presunção *iuris tantum*. Na verdade, pode-se ter previamente assumido funções no domínio financeiro e não se possuir experiência profissional adequada às características ou à dimensão da instituição de crédito ou sociedade financeira concreta.

Enfim, estamos em presença de verdadeiras regras prudenciais, não quantitativas, que concorrem para conferir a necessária confiança, solidez e estabilidade ao sistema bancário, para garantir a segurança dos fundos depositados e tutelar os interesses gerais da economia.

Por seu turno, o artigo 42.º do mesmo diploma legal prescreve que as instituições de crédito e sociedades financeiras devem, em todas as actividades por elas realizadas, assegurar aos clientes elevados padrões de competência técnica. Para tanto, hão-de dotar-se de meios materiais e recursos humanos capazes de garantir qualidade e eficiência no seu desempenho.

O artigo seguinte prevê um conjunto de deveres especiais a cargo dos gestores e trabalhadores das instituições de crédito, nas relações com os seus clientes, quais sejam:

---

[81] Nas palavras de Maria Fernanda dos Santos Maçãs, "Regime Jurídico da autorização das Instituições de Crédito em Portugal", in "Estudos em Homenagem ao Banco de Portugal – 150.º Aniversário", pág. 200, reportando-se ao requisito da alínea d) do n.º 1 do artigo 20.º do RGIC, os conceitos de gestão "sã" e "prudente" são de tal sorte vagos e indeterminados que têm de ser preenchidos através de um juízo valorativo autónomo da responsabilidade da Administração do Banco. E acrescenta a Autora que o Banco Central, servindo-se de critérios que lhe são próprios, terá de formular um juízo de prognose prévia com vista a avaliar se os pretendentes à gestão de uma instituição de crédito revelam ou não possuir condições ou aptidões que venham a garantir, no futuro, uma gestão sã e prudente da mesma.

a) Dever de diligência

Pressupondo competência técnica, implica uma actuação zelosa do banqueiro, através dos seus agentes, no atendimento das situações que, no dia-a-dia, se lhe colocam no relacionamento com os clientes. Trata-se duma obrigação da maior importância que, em relação a cada um dos colaboradores, decorre já da Lei n.º 8/98, de 20 de Julho, Lei do trabalho. Em face dessa Lei, o trabalhador tem, em especial, o dever de comparecer ao serviço assídua e pontualmente e de prestar a sua actividade com zelo e diligência.

b) Dever de neutralidade

Impõe-se ao banqueiro uma conduta imparcial no tratamento da sua clientela. Deste dever, decorre ser vedado às instituições de crédito tratar de forma discriminatória os clientes, no sentido de favorecer uns em detrimento de outros, com base em critérios meramente subjectivos, nomeadamente de natureza étnica, religiosa ou racial.

Concretizando: perante, *v. gr.*, pedidos de concessão de crédito que lhes sejam submetidos, os gestores e técnicos irão avaliá-los em função da solvabilidade, das garantias (pessoais ou reais), da viabilidade económica do empreendimento em causa, do grau de risco que cada uma das operações envolve; enfim, servir-se-ão de critérios objectivos, designadamente técnico-económicos, para acolher uns e rejeitar outros. A consagração deste princípio reduz a margem de discricionariedade da actuação das instituições de crédito e sociedades financeiras.

c) Dever de lealdade

Por força deste princípio, que, independentemente da sua consagração legal, deriva do princípio da boa fé, o banqueiro deve ser "leal" ao seu cliente. Se, por exemplo, no decurso de negociações preliminares conducentes à concessão de crédito, o banqueiro viola os seus deveres de informação e esclarecimento[82] ou abandona, ilici-

---

[82] Os deveres pré-contratuais das instituições de crédito reputam-se particularmente fortes (quanto mais não seja pela sua qualidade de profissionais) face ao cliente, muitas vezes não suficientemente informado. O não informar, nomeadamente sobre a variabilidade dos taxas de juros na vigência do contrato, redunda na violação do dever de lealdade.

tamente, as negociações ou ainda, de forma reprovável, conduz, contra as legítimas expectativas da outra parte, o processo para um contrato nulo, a sua conduta é desleal[83]. Haverá, aí, responsabilidade civil bancária por culpa *in contrahendo*[84].

Já na vigência do contrato, este dever legal acessório adstringe as partes à mútua colaboração e à abstenção de condutas que desequilibrem as prestações previstas no clausulado contratual.

Exige-se, enfim, das instituições de crédito e sociedades financeiras que, no seu relacionamento com os clientes, assumam um comportamento correcto e honesto.

d) Dever de discrição

O dever de discrição, que encontra a sua mais explícita consagração no artigo 48.º do mesmo diploma, obriga os gestores e empregados das instituições de crédito a guardar segredo profissional[85] quanto a factos relacionados com os seus clientes de que tenham conhecimento no exercício das suas funções e por virtude desse exercício, nomeadamente os nomes destes, as contas de depósitos e seus movimentos e outras operações financeiras (artigo 48.º, 2)[86]. Trata-se dum dever que não cessa com o termo das funções do servidor. A já mencionada Lei do trabalho prevê, no quadro enunciativo dos deveres dos trabalhadores, a obrigação de guardar sigilo profissional, não podendo, em caso algum, revelar segredos da actividade da empresa ou estabelecimento de que tenha conhecimento (artigo 16.º, e)).

---

[83] Sobre o dever de lealdade, Menezes Cordeiro, "Da Boa Fé no Direito Civil", Colecção Teses, Almedina, Coimbra, 1997, págs. 551-555-559, 606-616, 648-654, 1160-, 1191, 1253 e 1278.

[84] Cfr., a este propósito, o artigo 227.º, 1 do CC.

[85] A quem viole o sigilo profissional, nomeadamente por revelação de factos de que só tem conhecimento ou é depositário em razão do exercício do seu emprego ou pela entrega de papel ou cópia de papel, que não devia ter publicidade e lhe esteja confiado ou exista na instituição, é-lhe aplicável a pena de prisão até seis meses e multa correspondente, nos termos do artigo 290.º do Código Penal, aplicável *ex vi* do artigo 102.º da LICSF.

[86] Sobre os fundamentos e natureza jurídica do segredo bancário, cfr., entre outros autores, Rabindranath Capelo de Sousa, "O Segredo Bancário", in "Estudos em Homenagem ao Professor Inocêncio Galvão Telles", II, págs. 176 e ss , e Alberto Luís, "O sigilo bancário", in "Temas de Direito Bancário...", págs. 82-120.

Na fase pré-contratual, o dever de sigilo tem o alcance de não dever ser desvendada matéria que chegue ao conhecimento através das negociações com clientes.

Há, contudo, determinadas situações em que o legislador entendeu afastar o dever de segredo, como melhor se verá[87].

e) Dever de respeito pelos interesses que são confiados às instituições de crédito

As decisões tomadas no âmbito da gestão das instituições de crédito devem salvaguardar, em primeira linha, os interesses dos seus clientes, credores e demais investidores. Na verdade, os fundos que as instituições de crédito emprestam são-lhes confiados em depósito, com a obrigação de os restituir. Face a essa situação, os bancos hão--de tomar as devidas precauções para que não fiquem expostos a riscos excessivos.

O dever de respeito pelos interesses que são confiados às instituições de crédito harmoniza-se com o princípio, atrás referenciado, de que a gestão deve ser *"sã e prudente"*.

4.2. **Restrições à concessão de crédito**

É facto assente que a concessão de crédito é enformada pelo princípio da liberdade económica. Ao abrigo do disposto no artigo 405.º do CC, as instituições de crédito gozam da liberdade de celebrar os contratos que lhes aprouver, dentro dos limites da lei. Por se tratar, neste caso, de matéria relativamente à qual, para lá dos interesses privados, nomeadamente os das próprias instituições credoras e a segurança dos fundos dos aforradores, credores e demais investidores, avulta, cada vez mais incisivamente, o interesse público, no que concerne à tutela da confiança no sistema financeiro, através da garantia da sua estabilidade e equilíbrio, com a minimização dos riscos inerentes à actividade creditícia, assiste-se actualmente a crescentes esforços de regulamentação e controlo – *maxime* através da supervisão bancária – da concessão de crédito.

---

[87] *Infra*, ponto 10 do sumário.

É neste contexto que devem ser enquadradas as disposições da LICSF e regulamentação subsequente que estabelecem apertadas restrições na actividade creditícia.

Uma das restrições mais salientes é a imposta nos casos em que haja conflitos de interesses: as instituições de crédito estão proibidas de conceder, directa ou indirectamente, crédito aos membros dos seus órgãos de administração ou de fiscalização[88] e bem assim a sociedades ou outros entes colectivos por eles directa ou indirectamente dominadas[89] (artigo 51.º, 1). A intenção do legislador é, claramente, a de obviar à promiscuidade dos interesses das instituições de crédito e sociedades financeiras com os das pessoas que as gerem[90].

O princípio de isenção subjacente ao n.º 6 do mesmo preceito legal obsta a que os membros dos órgãos de administração ou de fiscalização participem na apreciação e decisão das operações de concessão de crédito a sociedades ou outros entes colectivos de que os mesmos sejam gestores ou em que detenham participações qualificadas[91]. A concessão de crédito neste tipo de situações tem lugar em termos bem mais apertados. Com efeito, a deliberação que a aprove deverá ser tomada por uma maioria de, pelo menos, dois terços dos membros do órgão de administração e ter o parecer favorável do órgão de fiscalização.

Neste domínio, o Aviso[92] n.º 07/GGBM/2001, de 7 de Novembro, concebido para fazer face à necessidade de *complementar as normas de conduta contidas na Lei n.º 15/99, de 1 de Novembro, Lei das Instituições de Crédito e Sociedades Financeiras, nomeadamente*

---

[88] Salvo tratando-se de operações de carácter ou finalidade social ou decorrentes da política social das instituições (artigo 51.º, 3). No mesmo sentido estatuía o artigo 37.º da já revogada Lei n.º 28/91, de 31 de Dezembro.

[89] A noção legal de relação de domínio acha-se prevista na alínea i) do número 2 do artigo 2.º da LICSF.

[90] É, com efeito, sintomático que o n.º 2 do artigo 51.º estabeleça a presunção de que há concessão de crédito ilícita, por envolver conflito de interesses, quando o beneficiário desse crédito seja cônjuge, parente até ao 2.º grau ou afim em 1.º grau de algum dos membros dos órgãos de administração ou de fiscalização e bem assim quando seja uma sociedade (ou outro ente colectivo) por eles directa ou indirectamente dominados.

[91] Como é de ver, neste caso não está em causa o critério da relação de domínio. A noção legal de participação qualificada está prevista na alínea i) do número 2 do artigo 2.º da LICSF.

[92] Os poderes regulamentares que a LICSF atribui ao Banco de Moçambique são exercidos por meio de Aviso, assinado pelo Governador do Banco de Moçambique.

no que respeita aos conflitos de interesses e, em especial, ao crédito correlacionado" (preâmbulo), trouxe ao espaço jurídico nacional novas medidas tendentes à racionalização da distribuição do crédito[93].

Tem-se por crédito correlacionado aquele que é concedido a *"pessoas singulares ou colectivas relacionadas, directa ou indirectamente, com uma instituição de crédito ou sociedade financeira, em virtude, designadamente, da detenção de participações sociais por parte daquelas nestas, ou vice-versa, quando aplicável."* (artigo 1.º, 1)

A noção de "entidade correlacionada" abrange igualmente os membros dos órgãos sociais e as demais pessoas indicadas no artigo 52.º da LICSF, nomeadamente os directores e outros empregados, os consultores e mandatários das instituições de crédito e sociedades financeiras e bem assim os seus cônjuges, parentes até ao 2.º grau e afins em 1.º grau e ainda sociedades ou outros entes colectivos que uns ou outros directa ou indirectamente dominem. (artigo 1.º, 2)

Entretanto, também pode haver lugar a restrições na concessão de crédito ditadas pelo Banco de Moçambique no quadro de providências extraordinárias de saneamento, com vista a proteger interesses dos depositantes, investidores e outros credores e a salvaguardar as condições normais de funcionamento do mercado monetário, financeiro ou cambial (artigo 83.º, c)).

A recusa de conceder crédito é igualmente imposta às instituições de crédito no âmbito da prevenção e repressão da prática de actos de branqueamento de capitais, bens, produtos ou direitos provenientes de actividades criminosas. Com efeito, nos termos do artigo 14.º da Lei n.º 7/2002, de 5 de Fevereiro, as entidades financeiras devem recusar a realização de quaisquer operações relativamente àqueles que não forneçam a respectiva identificação[94/95] ou a identifi-

---

[93] O Aviso em referência visa, basicamente, regulamentar o disposto no n.º 7 do artigo 57.º.

[94] Este dever de identificação, correspondente ao conhecido mandamento "know your customer" no âmbito do combate ao branqueamento de capitais, constitui um traço marcante do Direito Bancário. Com efeito, a identificação, que se efectua mediante exibição de documentos válidos, é uma condição necessária para a constituição da *relação bancária complexa* (na terminologia do Prof. Menezes Cordeiro, "Estudos de Direito Bancário", págs. 11 e ss). A precaução quanto à identidade, profissão e honorabilidade do cliente assume particular relevância na medida em que a *relação bancária complexa* é estabelecida *intuitu personae*.

[95] A obrigação de identificar está prevista no artigo 10.º da Lei n.º 7/2002, de 13 de Fevereiro. Este diploma legal foi regulamentado pelo Decreto n.º 37/2004, de 8 de Setembro.

56 Concessão de Crédito e Responsabilidade Bancária

cação da pessoa em nome e por conta de quem efectivamente actuam. Acresce, a este propósito, que os sistemas de controlo interno das instituições de crédito devem prosseguir, entre outros objectivos reputados como fundamentais, a prevenção do envolvimento em operações relacionadas com o branqueamento de capitais (artigo 4.º, h) do Aviso n.º 11/GGBM/99, de 13 de Dezembro de 2000).

4.3. Os riscos de crédito

4.3.1. *O papel do serviço de centralização de riscos de crédito e a troca de informações entre as instituições sobre os clientes – a intervenção da autoridade de supervisão*

Assiste-se actualmente a uma despersonalização das relações entre o mutuante e o mutuário e a uma massificação do crédito, circunstâncias que, sem dúvida, agravam o risco[96]. Na concessão de crédito, estão em causa interesses dos aforradores e a confiança que os mesmos depositam no sistema bancário, a par dos interesses gerais da economia e das próprias instituições. Na verdade, é graças fundamentalmente aos depósitos e outros fundos reembolsáveis recebidos do público que as instituições de crédito reúnem os recursos necessários à concessão de crédito e a outras aplicações. Razões mais do que suficientes para que o banqueiro não se exponha a riscos excessivos.

É neste quadro que, através do Aviso n.º 8/GGBM/96, de 19 de Setembro, foi criada a Central de Riscos de Crédito[97], um serviço de

---

[96] Nas palavras de Diogo Leite de Campos, *"O prestamista tradicional, procurado pelos vizinhos, emprestando a cada um segundo as suas possibilidades, vigiando de perto a evolução da respectiva situação patrimonial, intervindo no momento certo, é figura relegada para sátiras e cronicões."* – "A alienação em garantia", in "Estudos em Homenagem ao Banco de Portugal, 150.º Aniversário", Lisboa, Banco de Portugal, 1998, pág. 7.

[97] A partir do Aviso n.º 7/2003, do Governador do Banco de Moçambique, de 4 de Dezembro, passou a designar-se Central de Registos de Crédito. Em Portugal, o propósito de promover a centralização das informações sobre riscos de crédito remonta ao Decreto-Lei n.º 41403, de 27 de Novembro de 1957, em cujo artigo 18.º se estatuía que *"O Governo promoverá a centralização dos elementos informativos respeitantes ao risco de concessão e aplicação de créditos que ultrapassem determinados limites, a fixar de acordo com a sua*

centralização de informações relativas à concessão e aplicação de crédito bancário, que funciona na sede do Banco de Moçambique.

As instituições de crédito podem solicitar à Central de Registos de Crédito, por escrito, que lhes sejam fornecidas informações sobre as operações nela registadas, relacionadas com pessoas singulares ou colectivas que tenham solicitado crédito. Contudo, a circulação de informação pelo sistema não deve envolver a quebra do sigilo bancário, devendo estar ao serviço dos fins da Central de Registos de Crédito, sendo, por conseguinte, vedada a sua revelação a terceiros.

Nesse âmbito, o Aviso em referência estabelece as "condições de legitimidade", não cumulativas, dos pedidos de informação:

a) Ser a instituição de crédito requerente credora actual da pessoa singular ou colectiva sobre a qual pretenda obter informação;

b) Ter em apreciação um pedido de concessão de crédito.

Por seu turno, o Aviso n.º 5/GGBM/99, de 26 de Fevereiro, para além de impor a constituição de provisões para a cobertura de riscos diversos, fixa limites quanto à concentração dos riscos que as instituições de crédito assumem:

a) Em relação a um só cliente, elas não podem incorrer em riscos cujo valor global exceda 25% dos seus fundos próprios[98];

b) O valor agregado dos grandes riscos[99] assumidos não poderá exceder o óctuplo dos seus fundos próprios.

Trata-se de um conjunto de normas prudenciais ao serviço da finalidade legal de as instituições de crédito aplicarem os fundos de que dispõem por forma a assegurarem níveis adequados de liquidez e solvabilidade. A este propósito, importa referir ainda que o já citado

---

natureza, os quais poderão ser facultados as instituições de crédito , nos termos que vierem a ser estabelecidos em regulamento." Porém, somente pelo Decreto-Lei n.º 47909, de 7 de Setembro de 1967, veio a ser criado o "Serviço de Centralização de Riscos de Crédito".

[98] No fundo, é uma emanação da sabedoria popular segundo a qual não se deve colocar todos os ovos debaixo da mesma galinha.

[99] A noção de "grande risco" está prevista no n.º 4 do artigo 2.º do Aviso. Em Portugal, o mesmo conceito acha-se definido no ponto 1, al. 4) do Aviso n.º 10/94, de 18 de Novembro, do Banco de Portugal.

Aviso n.º 11/GGBM/99, de 13 de Dezembro, sobre o dever de institucionalização de um sistema de controlo interno, prescreve que ao órgão de administração das instituições de crédito incumbe, entre outras atribuições, aprovar as estratégias e políticas a adoptar pelas mesmas, conhecer os riscos em que elas incorrem no exercício da sua actividade, estabelecer níveis aceitáveis para assegurar a assunção desses riscos, assegurar que as pessoas responsáveis pela gestão corrente adoptem medidas adequadas para a identificação, avaliação e controlo dos riscos, garantir a segurança dos activos e o cumprimento das demais normas prudenciais.

Para tanto, o banqueiro deve informar-se convenientemente. A concessão de crédito há-de, pois, ser precedida de criteriosa análise dos riscos envolvidos, nomeadamente no que respeita aos seguintes aspectos:

a) verificação da instrução do pedido, na perspectiva da sua conformidade com os documentos exigidos;

b) análise da viabilidade técnica, económica e financeira do empreendimento a financiar[100];

c) avaliação da situação patrimonial do mutuário (*lato sensu*) e das eventuais responsabilidades deste a nível do sistema bancário;

d) avaliação económico-financeira, incluindo a análise de balanço reportado a determinados exercícios económicos findos[101];

e) avaliação das garantias (reais ou pessoais) oferecidas; e

f) período de desembolso das quantias a disponibilizar.

---

[100] Não se trata duma ingerência indevida nos negócios da empresa, mas sim do dever de proceder a averiguações minimamente exigíveis em função dos condicionalismos dos pedidos concretos de financiamento que lhe são submetidos, em ordem a que o banqueiro tome uma decisão esclarecida.

[101] Com João A. Lopes Cardoso, "Alguns aspectos da responsabilidade...", pág. 238, embora o banqueiro não seja "tutor" dos seus clientes, nada o impede de, antes de se determinar, "examinar as respectivas escritas por peritos da sua confiança, de exigir que, na execução, lhe forneçam os documentos e informes que tenha por indispensáveis..."

5. FORMAS DE CONCESSÃO DE CRÉDITO

Os contratos bancários, tal como a generalidade dos contratos, não estão sujeitos a uma regra de *numerus clausus*. No vasto leque de contratos bancários, incluem-se os contratos bancários de crédito, sendo de destacar: o mútuo bancário, a abertura de crédito, o desconto, o descoberto em conta, a antecipação bancária, o crédito documentário, a locação financeira, a cessão financeira e o crédito por assinatura.

Debrucemo-nos, em termos necessariamente perfunctórios, sobre estes contratos, dividindo-os em modalidades creditícias tradicionais e modernas.

5.1. Modalidades creditícias tradicionais

5.1.1 *O mútuo*

Já o Código de Seabra contemplava a figura do empréstimo no artigo 1506.º, que consistia na cedência gratuita de uma coisa, a fim de que o beneficiário se servisse dela com a obrigação de restituição em espécie ou pelo equivalente. Assim, o empréstimo compreendia o comodato, quando a restituição da coisa fosse em outra da mesma espécie, e o mútuo, quando a restituição devesse ocorrer em coisa do mesmo género, qualidade e quantidade.

No novo CC, desapareceu a figura do empréstimo, tendo surgido, em seu lugar, os contratos de comodato (artigos 1129.º a 1141.º) e de mútuo (artigos 1142.º a 1151.º).[102/103]

---

[102] Não obstante, na linguagem corrente usa-se, e com muita frequência, o termo empréstimo, com o sentido tradicional, abrangendo as situações de mútuo e de comodato.

[103] Subsiste, todavia, a figura do empréstimo mercantil: nos termos do artigo 394.º do CCm de 1888, para que o contrato de empréstimo seja havido como comercial é necessário

O artigo 1142.º do CC define o mútuo como sendo o contrato pelo qual uma das partes, o mutuante, empresta à outra, o mutuário, dinheiro ou outra coisa fungível, ficando a segunda obrigada a restituir outro tanto do mesmo género e qualidade.[104]

Sobre o mutuário impende o dever de restituir o *tantundem*[105], i. é, outro tanto do mesmo género e qualidade, no termo do prazo ajustado. Não se trata de restituir as espécies recebidas. O mutuário obriga-se a reembolsar o capital, bem como retribuir juros, quando a eles haja lugar. O mútuo pode, pois, ser gratuito ou oneroso, conforme haja ou não retribuição do mutuante, presumindo-se oneroso em caso de dúvida quanto à intenção dos contraentes[106]. Quer numa situação quer noutra, o contrato de mútuo permanece unilateral, pois assenta sobre a obrigação do mutuário de restituir a coisa.

Este tipo de contrato de crédito pressupõe a entrega de dinheiro ou outra coisa fungível[107/108] como elemento essencial. Tal entrega não constitui, pois, um acto de execução do contrato de mútuo, mas um elemento integrante ou constitutivo deste. Trata-se, portanto, de um contrato real *quoad constitutionem*[109/110]. O efeito necessário do

---

que a coisa cedida seja destinada a qualquer acto de comércio. Assim, o empréstimo é mercantil quando outorgado entre comerciantes, a não ser que o contrário resulte do próprio acto, isto é, que esse acto não foi praticado pelos comerciantes no exercício do seu comércio (v. artigo 1.º do CCm). Igualmente será mercantil o empréstimo independentemente de envolver comerciantes quando a quantia cedida se destine a qualquer acto mercantil. Outras particularidades dos empréstimos mercantis: são sempre retribuídos (artigo 395.º do CCm) e admitem todo o tipo de prova quando celebrados entre comerciantes (artigo 396.º do CCm).

[104] Noção inspirada no artigo 1813.º do Código italiano.

[105] Como escreve Carlos Lacerda Barata, "Contrato de Depósito Bancário", in "Estudos em Homenagem ao Professor Doutor Inocêncio Galvão Telles", II, pág. 37, o mutuário não está adstrito à restituição do *idem corpus*, bastando, para a satisfação do interesse do credor, a devolução do *tantundem eiusdem generis et qualitatis*.

[106] Cfr. artigo 1145.º do CC.

[107] Esta é uma característica fundamental do mútuo: a coisa emprestada é fungível. O artigo 207.º do CC define coisas fungíveis como sendo as "que se determinam pelo seu género, qualidade e quantidade, quando constituam objecto de relações jurídicas". Coisa fungível por excelência é o dinheiro.

[108] Sobre o mútuo como contrato de crédito, v. Carlos Lacerda Barata, op.cit., págs. 38 e ss.

[109] Discutia-se, na literatura jurídica (cfr., entre outros autores, Vaz Serra, "Notas acerca do contrato de mútuo", RLJ, ano 93.º, págs. 65 e seguintes), a questão da admissibilidade do mútuo consensual, encarado este como uma figura situada a meia distância entre o

Formas de concessão de crédito   61

mútuo é a transferência da propriedade da coisa mutuada para o *accipiens*, donde resulta o aumento do activo do mutuário (cfr. artigo 1144.º do CC).

Uma importante particularidade do mútuo bancário que merece menção tem a ver com o factor finalidade a que se destina: o mutuário está, em geral, adstrito a uma determinada aplicação dos fundos atribuídos; assume a obrigação de aplicar os fundos mutuados exclusivamente à finalidade contratada. O escopo tem muitas vezes consagração no texto do contrato e as respectivas regras acham-se normalmente inscritas em formulários sobre "condições gerais de crédito", as quais estabelecem, como sanção em caso de incumprimento das mesmas, entre outras, o *"imediato e integral vencimento da dívida constituída ainda que não vencida"*[111/112]. É, pois, necessário que o banqueiro esteja informado sobre a aplicação a que os fundos se destinam, como factor de avaliação do risco em que incorre quando se decide pela concessão de crédito. Entendemos que, ainda que esteja expresso em termos muito genéricos, do tipo "crédito pessoal" ou outras locuções semelhantes, o escopo está sempre subjacente.

---

contrato-promessa de mútuo, que seguiria o regime dos artigos 410.º e seguintes do CC, e o mútuo real. A discussão não tinha reconhecidamente interesse prático: não se admite uma situação intermédia entre a promessa de empréstimo da coisa fungível e a entrega efectiva da mesma.

[110] Cfr., neste sentido, Pedro Romano Martinez, "Contratos Comerciais - Princípios", 1.ª Edição, Novembro de 2001, pág. 55. Se a transmissão da propriedade é actual no mútuo, é potencial na abertura de crédito. Na verdade, na abertura de crédito, o crédito nasce antes de a transferência de propriedade ocorrer, podendo, inclusivamente, formar-se e extinguir-se sem que ocorra uma *datio rei*. O contrato de abertura de crédito é, pois, consensual.

[111] Do formulário de condições gerais de crédito em uso no Grupo Banco Internacional de Moçambique. Trata-se, do ponto de vista dos efeitos, de uma situação correspondente à prevista no artigo 781.º do CC, sobre dívidas liquidáveis em prestações.

[112] A Resolução n.º 11/80, de 31 de Dezembro, publicada no BR n.º 52, I série, que aprovou a política de crédito e de juros em Moçambique, previa expressamente que *"O crédito concedido deve ser utilizado para o fim estabelecido no contrato, pelo que os bancos devem controlar rigorosamente a sua aplicação e assegurar o seu reembolso."* (Capítulo I, 1. 8)

5.1.2. *A abertura de crédito*

Assim se designa o contrato pelo qual uma das partes (o creditante), por via de regra um banco, se obriga a conceder à outra (creditada) crédito até certo limite, em determinadas condições, cabendo à creditada decidir *se*, *quando* e *em que termos* vai utilizar o benefício posto à sua disposição[113].

Por via deste tipo de negócio jurídico, o banqueiro assume a obrigação de disponibilizar ao seu cliente uma quantia até certo montante, por tempo determinado ou não. O cliente goza da faculdade de optar entre sacar parcial ou integralmente o valor posto à sua disposição, obrigando-se a restituí-lo na forma e condições ajustadas.

A concretização do dever do banqueiro no âmbito do contrato de abertura de crédito pode revestir as mais variadas formas, designadamente: a entrega em numerário dos montantes solicitados, o pagamento em nome e por conta do cliente de encargos deste, o pagamento de cheques emitidos pelo cliente, cuja provisão emerge do contrato, o aceite de letras de câmbio com vista a facilitar o seu desconto noutro banco ou permitir-lhe o pagamento por meio de letras do preço de mercadorias, ou outras finalidades, junto dos seus fornecedores e o desconto de letras em que o cliente surja como beneficiário. Por seu turno, a entidade creditada pode utilizar o crédito concedido das mais diversas formas, sendo a constituição de uma conta-corrente, na qual se lançam os montantes ajustados, a via comummente adoptada. Há, assim, uma ou várias operações de débito e crédito, duma conta-empréstimo (do banco) para uma conta-corrente (do cliente).

Entretanto, o cliente não fica vinculado à utilização efectiva do crédito. É, porém, frequente a cobrança pelo banco, desde a conclusão do contrato, de uma comissão de imobilização, justamente para compensar a não utilização de fundos por si disponibilizados para a realização de determinada finalidade, que acaba não se efectivando, ficando, assim, privado dos rendimentos que resultariam de outras aplicações.

---

[113] O artigo 1842.º do CC italiano define a abertura de crédito como sendo o contrato pelo qual o banqueiro se obriga a ter à disposição do cliente uma soma em dinheiro por um dado período ou por tempo indeterminado. Nos mesmos termos, cfr. "Manual Jurídico de las Operaciones Bancárias", do Banco Santander Central Hispano, 2001 págs. 181 e ss.

A abertura de crédito constitui um contrato consensual: fica perfeito com o acordo entre as partes, sem necessidade de qualquer entrega de fundos, ao contrário do que sucede com o mútuo[114]. O que releva é o compromisso que o banqueiro assume de conceder crédito à contraparte.

5.1.3. *O desconto*

Esta modalidade de operação bancária activa consiste no adiantamento, por parte da instituição financiadora, de crédito ao cliente, sob reserva de boa cobrança do título descontado[115/116/117]. Surge, assim, com as características de contrato misto de mútuo mercantil e de *datio pro solvendo*[118] de um crédito do descontário sobre terceiro feita ao banqueiro.

São partes no contrato de desconto o banco – descontante (ou descontador) – e o cliente – descontário (sacador ou possuidor do título de crédito). O descontante assume, como prestação fundamental, a obrigação de adiantar a quantia correspondente ao valor nominal

---

[114]Sobre a diferença entre mútuo e abertura de crédito, v., entre outros autores, Jorge Sinde Monteiro e Almeno de Sá, "Concessão de crédito e deveres de informação do banco", in Revista da Ordem dos Advogados, ano 56, Agosto de 1996, págs. 727 e ss.

[115] O crédito sobre letras de câmbio é conhecido desde a Idade Média, se bem que com a designação "desconto" seja uma operação praticada pelos banqueiros ingleses do século XVII.

[116] De acordo com a Lei n.º 3/96, de 4 de Janeiro, a concessão de crédito por desconto de letras, livranças, extractos de factura, expressos ou pagáveis em moeda estrangeira, expressos ou pagáveis em moeda nacional, quando nesses títulos intervenham não-residentes como sacadores, aceitantes, endossantes, avalistas, quer como subscritores, quer como emitentes, constitui operação cambial sujeita a registo e a autorização nos termos regulamentados pelo Banco de Moçambique.

[117] No sentido de que o desconto bancário representa não uma "concessão de crédito em primeiro grau", mas em segundo grau, isto é, o abono de fundos a quem, por seu turno, é credor de outrem, pronuncia-se Carlos Olavo, "O Contrato de Desconto Bancário", in "Estudos em Homenagem ao Professor Inocêncio Galvão Telles", II, pág. 433.

[118] Há "*datio pro solvendo*" ou dação em função do cumprimento se o devedor efectua uma prestação diferente da devida, para que o credor obtenha mais facilmente, pela realização do valor dela, a satisfação do seu crédito, este só se extinguindo quando e na medida em que for satisfeito (cfr. artigo 840.º, 1 do CC). Esta noção contrapõe-se à de *datio in solutum*, que constitui um facto extintivo duma obrigação.

do título levado a desconto e bem assim a de tomar as diligências necessárias ao pagamento ou ao aceite e pagamento do principal obrigado.

Sobre o descontário impende o dever de entregar o título devidamente endossado, pagar a remuneração (juros, comissões e despesas) devida pela antecipação do crédito e bem assim o de garantir o pagamento. Na verdade, o cliente só vem a desonerar-se se e quando o pagamento for efectuado pelo respectivo devedor[119].

Ao antecipar os fundos, o financiador fica investido na qualidade de titular do crédito descontado; adquire a propriedade do título descontado, podendo, por seu turno, mobilizar o seu crédito mediante redesconto.

5.1.4. *O descoberto em conta*

Também designado por *overdraft facility* ou facilidade de caixa, o descoberto constitui uma operação bancária através da qual o banco consente que o seu cliente saque para além do saldo existente na respectiva conta, até um determinado limite e por um determinado prazo.

Perante o saldo negativo do cliente, o banqueiro tolera, por curtos períodos, o descoberto em conta, designadamente com o fito de evitar perturbar o giro dos negócios do mesmo. Esse comportamento de tolerância do banco pode verificar-se na sequência de acordo com o seu cliente, em regra no momento de abertura do crédito, que permite a movimentação de conta ainda que não provisionada, ou mesmo ocorrer independentemente de qualquer acordo expresso[120], *v.gr.*, quando o cliente emite um cheque sem provisão e, ainda assim, o banco sacado o paga[121]. Em qualquer das situações referidas, o descoberto traduz-se numa concessão de crédito.

---

[119] Cfr. artigo 840.º, 2 do CC e § único do artigo 346.º do CCm.

[120] Cfr. Paula Ponces Camanho, "Contrato de depósito bancário, Descoberto em conta – Direito do Banco que paga o cheque não provisionado. Conta solidária", in "Estudos em Homenagem ao Professor Doutor Inocêncio Galvão Telles", II, págs. 103 e ss.

[121] Se o banqueiro se recusar a aceitar o descoberto, o cliente arrisca-se à rescisão da convenção de cheque e a incorrer na pena de seis meses a dois anos de prisão correccional

Formas de concessão de crédito 65

Reconduzem-se, na prática, à figura do descoberto os casos de obrigatoriedade legal de pagamento de cheques sem provisão[122].

Ao descoberto em conta aplicam-se, tendencialmente, as regras do mútuo bancário.[123]

5.1.5. *A antecipação bancária*

Uma das operações activas mais tradicionais da banca, a antecipação bancária[124], consiste numa operação de crédito, necessariamente garantida por penhor[125] equivalente de mercadorias, títulos de crédito ou depósito de bens[126]. No lugar de vender as mercadorias, o cliente recorre ao seu banqueiro que lhe antecipa o pagamento do preço, tomando tais mercadorias como garantia do reembolso das quantias mutuadas.

A antecipação bancária configura um misto de mútuo e penhor de títulos[127]. Na verdade, ela comporta duas componentes:

(artigos 1.º da Lei n.º 5/98, de 15 de Junho e 24.º do Decreto n.º 13 004, de 12 de Janeiro de 1927 (leis moçambicanas). No direito português, v. sobre o assunto, o Acórdão da Relação de Lisboa, de 3 de Junho de 1980, in "Col. Jurisprudência", 5, Tomo 3.º, pág. 182, e J.A. Gaspar e M. Adegas, "Operações Bancárias", pág. 148.

[122] O artigo 8.º, 1 da Lei n.º 5/98, de 15 de Junho (lei moçambicana) estatui que, não obstante a falta ou insuficiência de provisão, os bancos são obrigados a pagar ao portador qualquer cheque emitido através de impresso por eles fornecido de montante não superior a 250,00 Meticais.

[123] Neste sentido, cfr. Menezes Cordeiro, "Manual ...", pág. 590.

[124] O CC italiano regula-a nos artigos 1846.º a 1851.º. Remonta ao século XI a origem da noção moderna de antecipação bancária, conhecida também por *anticipazione bancaria*, *avance sur titres*, *advance/collateral loan* e *lombardgeschaft*.

[125] O penhor é uma garantia real que confere ao credor o direito à satisfação do seu crédito, com preferência sobre os demais credores pelo valor da coisa ou direitos empenhados. O CC regula o penhor entre os artigos 666.º e 685.º.

[126] V., sobre o assunto, Menezes Cordeiro, "Manual...", págs. 590-591, José Maria Pires, "Direito bancário", págs. 243-244 e Fernando Zunzunegui, "Derecho del Mercado Financiero", Segunda edición, Marcial Pons, Ediciones Jurídicas y sociales, S.A., Barcelona, Madrid, 2000, págs. 495-503.

[127] Por isso onde não haja regime específico da antecipação bancária, como sucede com os direitos português e moçambicano, serão subsidiariamente aplicáveis as regras do mútuo e do penhor.

a. A disponibilização pelo banqueiro ao seu cliente de certo montante em dinheiro, estando este obrigado a restituí-lo no tempo e nas demais condições ajustadas; e

b. A prestação pelo cliente de um penhor.

Sublinhe-se, contudo, que na antecipação bancária a garantia surge, diversamente do que sucede, *v. gr.*, no mútuo, como elemento necessário e não acessório. Factor importante na antecipação bancária é o de que deve haver sempre uma proporcionalidade entre o valor do penhor e o montante concedido.

Do que se disse acima, extrai-se que os sujeitos do contrato de antecipação bancária são a entidade bancária, que antecipa os fundos, e o cliente, que beneficia dos mesmos e presta garantia.

Trata-se de um contrato consensual[128], na medida em que, contrariamente ao que sucede com o mútuo, não supõe uma *traditio* da coisa fungível mutuada.

5.1.6. *O crédito por assinatura*

Esta modalidade de concessão de crédito, que corresponde à parte final da citada noção legal de crédito[129], consiste fundamentalmente na assunção, por banda do banqueiro, de um compromisso perante terceiros, em benefício do seu cliente, que não envolve, em princípio, desembolso de fundos. Apenas ocorrendo situações patológicas de incumprimento dos compromissos que o cliente haja assumido é que o banqueiro se obriga a esse desembolso.

Na verdade, o que as instituições de crédito fazem é "emprestar a sua assinatura" ("credito di firma") ao cliente tendo em vista facilitar-lhe a obtenção de crédito junto de outra instituição, assegurar o cumprimento de obrigações contratualmente assumidas (como sucede nos contratos de empreitada) ou legalmente impostas (*v. gr.* garantia de pagamento de caução judicial, fiscal ou para efeitos de participação em concursos públicos).

---

[128] Assim não é no direito espanhol. Com efeito, para Fernando Zunzunegui, "El antecipo es un contrato real que exige para su perfección la constitución dela garantia y la entrega de los fundos" – op. cit, pág. 496.

[129] *Supra*, ponto 2.2. do sumário.

Tal como sucede em qualquer operação de crédito, o crédito por assinatura envolve riscos, que variam em função de diversos factores, quais sejam a honorabilidade do cliente e a natureza da obrigação objecto da garantia prestada. Para fazer face a esses riscos, é comum os bancos exigirem a prestação de "contragarantias", as quais podem consistir, designadamente, em caucionar determinados montantes da conta bancária do cliente, que lhe ficam, assim, indisponíveis, ou, tratando-se de sociedades comerciais, em exigir o aval de todos ou de alguns dos sócios. Por esta última via, cada um dos avalistas contrai para com o banco, juntamente com a sociedade, uma obrigação solidária pelo pagamento do que a este seja devido no âmbito do contrato de crédito por assinatura, no caso de a garantia ser accionada.

Constituem espécies de crédito por assinatura, entre outras, a fiança bancária, o aceite bancário, o aval bancário, a garantia bancária autónoma (*vulgo* garantia bancária *on first demand* ou à primeira solicitação) e a garantia de dispensa de retenção, garantia de manutenção, garantia de boa execução[130].

5.2. **Modalidades creditícias modernas**

Dentre os instrumentos financeiros de origem relativamente recente avultam o contrato de *leasing* ou locação financeira e o *factoring* ou cessão financeira.

5.2.1. *O leasing*

O *leasing* teve a sua origem nos Estados Unidos da América e foi introduzido na Europa nos anos 60, primeiro como forma de colaboração entre empresas e depois como forma de combinação entre a venda e a locação de coisas, geralmente veículos e bens de equipamento (maquinaria).

---

[130] Sobre este assunto, ver Mónica Horta Neves Leite de Campos, "Crédito por assinatura", ROA, ano 60, Abril de 2000.

Corresponde a uma forma de financiamento: um empresário que não deseje efectuar um investimento definitivo ou não disponha de liquidez ou ainda que entenda não necessitar permanentemente de determinado equipamento contrata com uma sociedade de *leasing*, a qual, por risco e conta próprios, o adquire e cede em uso, por certo preço e tempo. Decorrido o tempo ajustado, o locatário tem como opções prorrogar o contrato, extingui-lo pura e simplesmente e a de adquirir a coisa locada.

A Lei n.º 9/2004, de 21 de Julho – artigo 2.º, t) – e o Decreto n.º 56/2004, de 10 de Dezembro – artigo 37.º, 1 – definem a locação financeira como sendo *"o contrato pelo qual uma das partes (locador) se obriga, mediante retribuição, a ceder à outra (locatário) o gozo temporário de uma coisa, móvel ou imóvel, adquirida ou construída por indicação do locatário, a qual poderá, ou não ser afecta a um investimento produtivo ou a serviços de manifesto interesse económico ou social, e que o locatário poderá comprar, decorrido o período acordado, por um preço determinado ou determinável mediante simples aplicação dos critérios fixados no contrato."*[131].

Da noção legal, resulta serem partes no contrato de *leasing*:

a) O locador – além das sociedades de locação financeira regularmente constituídas ao abrigo da legislação aplicável, também os bancos podem ser autorizados a exercer a actividade de locação financeira.[132];

b) O locatário – o cliente

---

[131] Altera os artigos 2.º, al. p) da LICSF e 1.º do Decreto n.º 45/94, de 12 de Outubro. Esta nova definição legal de contrato de locação financeira representa uma importante reviravolta relativamente ao regime anterior, estabelecido pelo mencionado Decreto n.º 45/94, de 12 de Outubro, nos termos do qual a locação de bens móveis deveria respeitar sempre a bens de equipamento afectos ou a afectar ao investimento produtivo ou serviços de manifesto interesse económico ou social. De igual modo, o *leasing* de coisas imóveis tinha também que ter, necessariamente, por exclusivo bens afectos ou a afectar ao investimento produtivo ou serviços de manifesto interesse económico ou social. Manifestamente, o legislador mudou de convicções: a coisa locada pode ter outras afectações, fora do estreito perímetro traçado pelo regime anterior.

[132] Importante inovação trazida pela Lei n.º 9/2004, de 21 de Julho, (artigo 4.º, 2) alterando, nomeadamente, os artigos 37.º, 1 do Decreto n.º 11/2001, de 20 de Maio, e 5.º do Decreto n.º 45/94, de 12 de Outubro. Sobre este assunto, cfr. ainda os artigos 31.º, 2 e 34.º do Decreto 56/2004, de 10 de Dezembro. Refira-se que a Lei n.º 9/2004, de 21 de Julho,

Além da actividade principal expressa na definição legal (a locação de bens móveis e imóveis), os bancos e as sociedades de locação financeira podem, acessoriamente, alienar, ceder em exploração, locar ou efectuar outros actos de administração de bens que lhes tenham sido restituídos, em consequência da resolução de um contrato ou do não exercício, por parte do locatário, do seu direito à aquisição dos mesmos.

Tal como nos demais contratos, no *leasing* vigora igualmente o princípio da autonomia da vontade consagrada no artigo 405.º do CC. No entanto, nos termos do artigo 4.º do Decreto n.º 45/94, de 12 de Outubro, que aprova o Regulamento do Contrato de Locação Financeira, o Banco Central, através de Aviso, pode impor restrições à autonomia das partes no que respeita aos seguintes aspectos:

a) Fixação do montante da renda (retribuição a cargo do locatário pelo gozo da coisa concedida pelo locador);
b) Determinação dos valores residuais dos bens locados;
c) Definição das condições e critérios da revisão da renda e dos valores residuais atribuídos aos bens locados bem como às condições e critérios para a sua eventual revisão; e
d) Duração do contrato.

Por fim, a circunstância de o bem objecto da locação ser adquirido ou construído por indicação do locatário parece-nos, em face da nossa lei, ser o factor essencial do *leasing*, distinguindo-o de realidades que lhe são próximas, designadamente o aluguer de longa duração, que no direito moçambicano permanece legalmente atípico. A aplicação do bem locado deixou de ser critério decisivo na caracterização do contrato de locação financeira.

5.2.2. *O factoring*

O desenvolvimento do *factoring* ou cessão financeira começa, tal como o *leasing*, nos Estados Unidos da América, na segunda metade do século XIX.

---

revogou expressamente estes dois últimos diplomas legais. O RGIC prevê o exercício do *leasing* pelos bancos no artigo 4.º, 1, b).

A LICSF define-o como sendo "o contrato pelo qual uma das partes (factor) adquire, da outra (aderente), créditos a curto prazo, derivados da venda de produtos ou da prestação de serviços a uma terceira pessoa (devedor)." (artigo 2.º, al. n)[133]).

Constituem partes na relação contratual de *factoring*:

a) O intermediário financeiro (factor) – entidade que toma os créditos a curto prazo cedidos pelos seus clientes, de que estes sejam titulares sobre terceiros. Somente os bancos e as sociedades de *factoring* podem celebrar, de forma habitual, como cessionários, contratos de cessão financeira[134]. Para além da actividade inerente ao seu objecto, às sociedades de *factoring* é permitida a realização de actividades complementares de colaboração com os seus clientes, designadamente de análise de riscos de crédito, apoio jurídico, comercial e contabilístico que se mostrem adequadas à boa gestão do crédito transaccionado (artigo 48 do Decreto n.º 56/2004, de 10 de Dezembro);

b) Os clientes (aderentes). O benefício destes consiste na antecipação do pagamento que se realizaria em data futura, contra uma retribuição, que pode ser na forma de juros ou comissões.

Contrariamente ao que sucede no desconto, em que a instituição adianta o crédito sob reserva de boa cobrança, no *factoring* o factor assume, caracteristicamente[135], o risco da não cobrança do crédito cedido (*factoring pro soluto* – caso típico em que há uma convenção *del credere*)[136]. Estruturalmente, o *factoring* baseia-se na cessão de créditos, donde a designação cessão financeira. Contudo, o *factoring* supõe uma actividade continuada de cessões de créditos.

---

[133] Corresponde à alínea r) do artigo 2.º da Lei n.º 9/2004, de 21 de Julho.

[134] Seguindo a tendência universal para a desespecialização e alargamento dos domínios de intervenção da banca, *maxime* no mundo dos serviços, a Lei n.º 9/2004, de 21 de Julho, veio a prever, contrariamente à versão primitiva da LICSF, que os bancos possam ser autorizados a exercer as actividades de locação financeira e *factoring* (artigo 4.º, 2, correspondente ao artigo 4.º, 1, b) do RGIC).

[135] Pode, pois, haver situações em que o factor não assume o risco da não cobrança do crédito cedido (*factoring pro solvendo*).

[136] Sobre as diferenças e pontos de contacto entre os contratos de *factoring* e desconto, cfr. Carlos Olavo, "O Contrato de desconto", págs. 467 e ss.

6. RESPONSABILIDADE CIVIL

6.1. Noção e espécies

Seguindo o plano de exposição que adoptámos[137], passamos à segunda parte deste estudo: a responsabilidade civil do banqueiro no âmbito da concessão de crédito.

Como se sabe, a responsabilidade civil consiste na obrigação de reparar o dano provocado a outrem. Daí que se empreguem, em sinonímia, as expressões "responder civilmente" ou "ser civilmente responsável", no sentido de impor a uma pessoa, física ou jurídica, o dever de reparar prejuízos causados a terceiros. Não é, pois, concebível responsabilidade civil relativamente a danos que o agente haja provocado sobre a sua própria pessoa ou património.

O CC vigente consagrou um sistema dualista de responsabilidade civil, autonomizando[138]:

a) responsabilidade contratual, que corresponde à violação de um direito de crédito ou obrigação em sentido técnico e é regulada nos artigos 798.º e ss. A designação "responsabilidade contratual" está longe de ser perfeita – abrange realida-

---

[137] *Supra*, ponto 1.2 do sumário.

[138] A distinção entre a responsabilidade civil contratual e extracontratual ou aquiliana tem sido apresentada pela doutrina como a *summa divisio* do Direito da Responsabilidade. Contudo, tem-se hoje posto a questão de saber se esta concepção dualista da responsabilidade civil a partir do contrato e do delito é satisfatória ou se é necessário encontrar uma "terceira via", para enquadrar situações que se não enquadram de forma linear entre a responsabilidade contratual e a extracontratual. Cfr., sobre o assunto, Manuel A. Carneiro da Frada, "Contratos e deveres de protecção", págs. 27-28, e "Uma "terceira via" ....", págs. 86 e ss, Baptista Machado, "A cláusula do razoável", RLJ, n.º 119, págs. 65 e ss e Maria Matos Correia Azevedo de Almeida "A responsabilidade civil ...", págs. 22 e 23. Opondo-se à ideia de uma "terceira via"da responsabilidade civil, Pedro Romano Martinez, "Direito das Obrigações, Apontamentos", 2.ª edição, Lisboa, 2004, pág. 87.

des para lá da sugestão das palavras: na verdade, ela pode provir de fonte diversa do contrato, como sejam a lei e os negócios jurídicos unilaterais[139]. Não admira, por isso, que alternativas àquela locução hajam sido ensaiadas, designadamente "responsabilidade negocial" (para abranger a violação das obrigações provenientes de negócio unilateral) e "responsabilidade obrigacional" (compreendendo o não cumprimento das obrigações em sentido técnico, que não provenham de um negócio jurídico, mas da lei); e

b) responsabilidade extracontratual, aquiliana ou delitual – assim designada a proveniente da violação de direitos absolutos ou da prática de actos, ainda que lícitos, que causem prejuízos a outrem. São, pois, três as categorias da responsabilidade extraobrigacional: responsabilidade por acto ilícito (responsabilidade delitual em sentido próprio), responsabilidade por acto lícito e responsabilidade pelo risco[140].

Constitui um dado adquirido que na ordem jurídica, em especial no direito privado, não existem entidades irresponsáveis.[141] As instituições de crédito e sociedades financeiras não escapam a este princípio. Com efeito, elas podem incorrer em responsabilidade civil, desde logo por incumprimento das obrigações a seu cargo, emergentes de

---

[139] Sobre a diversa terminologia à volta da dicotomia responsabilidade contratual e responsabilidade delitual e bem assim quanto aos fundamentos das duas ordens de responsabilidade civil, cfr. Pedro Ferreira Múrias, "A responsabilidade por actos de auxiliares e o entendimento dualista da responsabilidade civil", in Revista da Faculdade de Direito da Universidade de Lisboa, n.º 1, 1996, págs. 171-217, Adriano Paes da Silva Vaz Serra, "Responsabilidade contratual e responsabilidade extracontratual", BMJ, n.º 85, 1959, págs. 115 e ss, e Margarida Matos Correia Azevedo de Almeida, "A responsabilidade civil do banqueiro...", págs. 17 e 18, nota de pé-de-página n.º 14.

[140] Por todos, cfr. Inocêncio Galvão Telles, "Direito das Obrigações", 7.ª Edição (Revista e Actualizada), Coimbra Editora, 1997 e Manuel A. Carneiro da Frada, op. cit., pág. 117 e ss.

[141] Como escreve Manuel Veiga de Faria, "Alguns aspectos da responsabilidade..."., pág. 48, "... se o mais afamado e respeitado cirurgião pode responder pela menor diligência colocada numa das suas intervenções, seguro é que também o banqueiro não ficará alheio à responsabilidade se, no exercício da sua actividade e dentro dos princípios da culpa, proceder por tal modo que a sua conduta seja susceptível de causar danos". O velho tabu da irresponsabilidade dos bancos há muito que foi superado.

contrato que hajam celebrado com os seus clientes no desempenho das suas actividades. Tais obrigações assumem, como se sabe, força de lei entre as partes, estando estas adstritas ao escrupuloso cumprimento do que no contrato se ache expressamente clausulado, do que decorra das normas que o regem, da boa fé ou mesmo dos usos. Neste particular, está, portanto, em causa a responsabilidade do banqueiro perante os seus clientes, no quadro das relações contratuais estabelecidas.[142] Ademais, as instituições de crédito podem incorrer em responsabilidade civil extracontratual, designadamente a que resultar do incumprimento de deveres legais inerentes à sua especialização e qualificação no mercado do crédito. Efectivamente, a actividade desenvolvida pelos bancos no mercado exige que os mesmos actuem com especial diligência, tendo em atenção a sua qualidade de profissionais na actividade económica de mediação e de crédito. O assunto merecerá melhores desenvolvimentos em sede própria.

6.2. **Objecto da indagação**

Na abordagem do tópico de que ora nos ocupamos, está em jogo a discussão sobre a responsabilidade profissional do banqueiro (*lato sensu*), agindo nessa qualidade[143]. Caberá averiguar, a par da experiência do direito comparado, as soluções positivas do direito moçambicano no quadro da responsabilidade (contratual e extracontratual) associada à concessão de crédito.

Buscamos respostas a questões como:

a) Haverá normas especiais (normas de protecção) que responsabilizem as instituições de crédito e sociedades financeiras face ao seu cliente e ou a terceiros pela concessão, manutenção, recusa e corte de crédito? A que meios, que não a responsabilidade civil, os demais credores da empresa financiada pelo

---

[142] O CC estabelece, no artigo 406.º, 1, o princípio *pacta sunt servanda*, e, no artigo 798.º, a regra de que "O devedor que falta culposamente ao cumprimento da obrigação torna-se responsável pelo prejuízo que causa ao credor."

[143] Portanto, está fora do âmbito do objecto da nossa reflexão, *v.gr.*, a responsabilidade do banqueiro no quadro das relações jurídico-laborais.

banqueiro poderão recorrer para fazerem valer os seus direitos? Será defensável o recurso à figura do abuso do direito?

b) Em que medida será lícito (ou não) ao cliente depositar confiança nos conselhos, informações e recomendações que o banco lhe dá e se os mesmos podem gerar responsabilidade civil?

c) Haverá situações de responsabilidade acrescida a cargo do banqueiro?[144]

Passemos a debruçar-nos em detalhe sobre estes tópicos.

A primeira impressão com que se fica quando se pretenda abordar a temática da responsabilidade civil dos bancos pela concessão (ou não) de crédito é a de se estar a *trilhar os caminhos do paradoxo*[145]. Com efeito, indaga-se se um banco pode responder por conduta ilícita, quer por ter recusado, quer por ter aceite conceder crédito. Como em lugar próprio melhor nos concentraremos à volta deste tópico, tal não passa duma mera impressão.

No direito francês, a discussão do tema da responsabilidade bancária pela concessão – ou não concessão – de crédito atingiu o seu auge na segunda metade da década de 70 do século passado, num ambiente de aguda crise económica[146]. A título de exemplo, citem-se os estudos de Michel Vasseur ("La responsabilité civile du banquier dispensateur de crédit"), Philippe le Torneau, ("La responsabilité civile professionnelle"), Frédéric Peltier ("La responsabilité civile du banquier dispensateur de crédit", in "Introduction au droit du crédit") e Christian Gavalda ("Responsabilité professionnelle du Banquier: Contribution à la protection dês clients de Banque").

Terá, porém, sido na Alemanha que o assunto foi objecto de maiores aprofundamentos, quer na doutrina, quer na jurisprudência. No espaço português, o tema tem igualmente merecido tratamento

---

[144] Os contornos da responsabilidade civil do banqueiro pela concessão ou não de crédito carecem de ser traçados com a maior nitidez. Na verdade, como ficou sublinhado atrás (nota de pé-de-página n.º 10) um alargamento excessivo do campo da responsabilidade civil das instituições de crédito é susceptível de se repercutir negativamente desde logo sobre os utentes dos bancos.

[145] Franco Anelli, "La responsabilità risarcitoria delle banche...", pág. 137.

[146] De cerca de 9.000 casos de falências em 1973; o número registado em 1979 ultrapassou os 15.000 – Michel Vasseur, "La responsabilite civile du banquier dispensateur de crédit", pág. 398.

doutrinário, cabendo aqui mencionar os estudos de António Menezes Cordeiro ("Concessão de crédito e responsabilidade bancária"), Alberto Luís ("O problema da responsabilidade civil dos bancos por prejuízos que causem a direitos de crédito"), Simões Patrício ("Recusa de crédito bancário"), Diogo P. Leite de Campos ("A responsabilidade do banqueiro pela concessão ou não concessão de crédito"), Manuel Veiga de Faria ("Algumas questões em torno da responsabilidade civil dos bancos pela concessão ou recusa de crédito e por informações, conselhos ou recomendações"), Lopes Cardoso ("Alguns Aspectos da Responsabilidade do Banqueiro"), Sinde Monteiro e Almeno de Sá ("Concessão de Crédito e Deveres de Informação") e, mais recentemente, Margarida Maria Matos Correia Azevedo de Almeida ("A responsabilidade civil do banqueiro perante os credores da empresa financiada").

Em Itália, o tema tem igualmente despertado o interesse de vários estudiosos, sendo de citar, entre outros: Gian Carlo Bibolini ("Responsabilità della banca per finanziamento ad imprenditore insolvente", in "Responsabilità contrattuale ed extraconttratuale delle Banche"), R. Clarizia ("La responsabilité du banquier donneur de crédit"), Alessandro Nigro ("La responsabilità della banca per concessione «abusiva» di credito"), Franco Anelli, ("La responsabilità risarcitoria delle banche per illeciti commessi nell'erogazione del credito"), Giovanni L. Pellizzi, ("La responsabilità della banca ("Relazione Introduttiva")) e Emmanuele Cirillo, ("La responsabilità della banca in caso di revoca del credito").

Em geral, a responsabilidade pela concessão de crédito tem sido encarada na literatura jurídica sob os seguintes núcleos problemáticos[147]:

A. A Responsabilidade do banqueiro pela concessão "abusiva" de crédito – danos causados aos credores da empresa beneficiária;
B. Responsabilidade pela não concessão (ou por corte) de crédito – eventual dever de conceder ou de manter o crédito; e
C. Responsabilidade do banqueiro perante o beneficiário do crédito.

Estas são as questões sobre as quais se concentrarão os desenvolvimentos que se seguem.

---

[147] Neste sentido, Michel Vasseur, "La responsabilitè...", pág. 399.

7. RESPONSABILIDADE DO BANQUEIRO PELA CONCESSÃO "ABUSIVA" DE CRÉDITO – SOBRE A RESSARCIBILIDADE DOS DANOS CAUSADOS AOS CREDORES DA EMPRESA FINANCIADA

Neste domínio, discute-se o problema da responsabilidade civil do banqueiro em relação a terceiros, *maxime* os credores do beneficiário do crédito. Estamos, pois, em sede de responsabilidade civil aquiliana do banqueiro.

Esta é uma questão que tem suscitado largo interesse, quer na jurisprudência, quer na doutrina, especialmente em França, reconhecendo-se, em certas circunstâncias, a responsabilidade civil do banqueiro por danos causados aos credores do seu cliente.

Trata-se de responsabilidade extracontratual emergente de concessão considerada imprudente ou "abusiva" de crédito, sustentando-se empresas inviáveis ou em situação financeira bastante difícil, que, em resultado do crédito concedido, ostentam uma aparência de solvabilidade[148]. Nesses casos, o crédito, longe de ser benéfico, revi-

---

[148] A questão da responsabilidade civil do banqueiro que, conhecendo ou devendo conhecer a situação de falência duma empresa ainda assim lhe concede crédito, "prolongando a sua agonia" e prejudicando terceiros, quer anteriores à concessão, quer posteriores, é por certa doutrina encarada como uma atitude "suicida" e mesmo uma hipótese de difícil concretização. Giancarlo Lo Cuocuo discute esta posição e considera que, além das situações correntes em que os bancos concedem crédito em virtude de terem avaliado com ligeireza a situação do mutuário, muitas vezes não se tem em atenção as reais capacidades do beneficiário do empréstimo, mas as garantias que ele fornece, as quais podem ser oferecidas por terceiros, estranhos à empresa – in "Responsabilità della banca per concessione abusiva di credito", in "Responsabilità contrattuale ed extraconttratuale delle banche – Atti del convegno di studio organizato del Banco di Sardegna in collaborazione con il CIDIS", Alghero, 8-10 Novembre 1998, Milano-Dott. A. Giuffrè Editore, 1986, págs. 211 e ss.

78 Concessão de Crédito e Responsabilidade Bancária

talizador, converte-se num instrumento nocivo, retarda a falência, agrava o passivo do devedor e afecta a garantia geral dos credores[149].

Com efeito, as situações que têm sido apontadas como geradoras de responsabilidade aquiliana do banqueiro pela concessão "abusiva" de crédito são as seguintes:

a) O financiamento a uma empresa em situação de falência, com conhecimento, por parte do banqueiro, desse estado (*faute intentionelle*) ou com ignorância indesculpável desse estado (*faute non intentionelle*);

b) O protraimento da declaração de falência da empresa como consequência necessária do financiamento bancário. Esse financiamento, ao ocultar as manifestações típicas da falência, confere à empresa uma aparência de solidez financeira, induzindo em erro os demais credores e levando-os a absterem-se de aprofundar as suas indagações quanto à situação económica real da empresa devedora e de requerer a declaração da sua falência[150]; e

c) A existência de danos decorrentes do protelamento da declaração de falência como resultado do financiamento bancário que a empresa recebeu. Argumenta-se aqui que, no período que medeia entre o financiamento do empreendimento e o momento em que a declaração de falência teria ocorrido, caso não tivesse havido a intervenção da entidade financiadora, se assiste a uma deterioração da situação patrimonial da empresa, com a consequente depauperação das garantias dos demais credores[151]. Neste contexto, discute-se se os demais credores

---

[149] Sobre estas matérias, cfr. Diogo P. Leite de Campos, "A responsabilidade do banqueiro...", pág. 50. Sobre a responsabilidade do banqueiro pela concessão de crédito, v. ainda Simões Patrício, "Recusa de crédito...", págs. 25 e ss.

[150] Com Mónica Fleitas Flores e Alicia Ferrer Montenegro, "Responsabilidad de los Bancos por la concesion de credito abusivo", pág. 57, *apud* C. Gavalda y J. Stoufflé, Droit de la Banque, Ed. P.U.F., 1974, pág. 584, "Un banquero imprudente puede con créditos propios sostener una empresa ineficiente, favorecer inversiones excesivas y manifiestamente poco rentables, y ocasionar, de esta manera, un dano real a los acreedores de ese prestatario, enganados por una prosperidad artificial". No mesmo sentido, Gavalda, citado por João António Lopes Cardoso, "Alguns aspectos da responsabilidade...", págs. 241-243.

[151] Segundo Michel Vasseur, "La responsabilitè...", pág. 396, existe responsabilidade delitual do banqueiro na hipótese de concessão de crédito a uma empresa já em estado de

da empresa em situação económica comprometida, beneficiária de crédito, terão legitimidade para reclamar indemnização à instituição de crédito que alegadamente a mantém artificialmente, por efeito desse financiamento[152]. Tal reclamação fundar-se-ia numa dupla ordem de factores:

i) Os credores da empresa financiada vêem a garantia patrimonial do seu crédito, constituída anteriormente à concessão de financiamento pelo banqueiro, reduzir-se[153]; e

ii) Posteriormente à concessão de crédito e face à falsa aparência de solvabilidade por esta gerada, outros credores contratam com o cliente do banqueiro.

Dito de outro modo, haveria duas hipóteses de ressarcibilidade, que podem assim ser equacionadas:

a) A do terceiro que se tenha tornado credor da empresa em crise anteriormente ao crédito bancário concedido; e

b) A do terceiro que se tenha constituído credor da empresa em situação de falência posteriormente ao financiamento bancário, iludido pela aparência de prosperidade empresarial e saúde financeira provocada por essa injecção financeira.

7.1. Soluções propostas – direito comparado

Um olhar sobre o direito comparado permite-nos verificar a diversidade de soluções legais, doutrinárias e jurisprudenciais quanto à responsabilidade civil do banqueiro pela concessão "abusiva" de crédito.

---

cessação de pagamentos, prolongando-lhe assim a vida, em detrimento de terceiros e levando à diminuição do activo ou ao aumento do passivo do devedor.

[152] Esta questão levanta a já tradicional discussão sobre a eficácia externa das obrigações, que em sede própria afloraremos, *infra*, ponto 7.1.5.4 do sumário.

[153] Refira-se que de acordo com o disposto no artigo 601.º do CC o património do devedor constitui a garantia geral das obrigações. Nos mesmos termos, dispõe o artigo 1911.º do Código Civil espanhol em que pelo cumprimento das obrigações responde o devedor com todos os seus bens, presentes e futuros.

7.1.1. *Direito francês*

Comecemos pela experiência francesa. O ordenamento francês reconhece a responsabilidade aquiliana do banqueiro, não com base em normas especiais aplicáveis à banca, mas na norma geral de responsabilidade extracontratual (artigo 1382.º do *Code Civil*[154]), nos termos da qual quem, no exercício da sua actividade, causa danos a outrem, com culpa ou dolo (*faute*), é obrigado a indemnizar o lesado[155/156].

É, pois, com fundamento em disposições do *Code Civil* que os bancos em França têm sido condenados em acções propostas quer pelos credores da empresa financiada, face ao prejuízo por eles sofridos em consequência do crédito bancário concedido, quer pelo síndico da falência, reclamando a reparação dos danos sofridos pela massa falida[157].

Com efeito, através da sua decisão de 7 de Janeiro de 1976, a qual terá constituído um importante marco no domínio da responsabilidade bancária pela concessão de crédito[158], no processo de falência da sociedade Laroche & Fils, a *Cour de Cassation* francesa reconheceu a competência do síndico para propor uma acção contra um banco, credor do falido, imputando-lhe responsabilidade por alegados prejuízos sofridos pelos demais credores da massa, como consequência dos créditos por ele concedidos.

Os créditos sucessivos concedidos pelo banqueiro – alegava o síndico –, longe de lograrem a recuperação da empresa beneficiária,

---

[154] Correspondente ao artigo 2043.º do CC italiano. Este preceito confere cobertura legal à indemnização de puros danos patrimoniais, conceito que será objecto de análise em sede própria, *infra*, ponto 8.6.2. do sumário.

[155] Cfr. a este propósito Gian Carlo Bibolini, "Responsabilità della banca....", pág. 30.

[156] A afirmação de Michel Vasseur, "La responsabilité contractuelle...", pág. 396, segundo a qual parece que o dinheiro se acha entre as coisas "perigosas" ou mesmo "explosivas" e o banqueiro encontra-se um pouco na situação do fabricante a quem é imputada a responsabilidade perante terceiros por danos causados pela coisa que fabricou, é sintomática da admissibilidade do princípio da responsabilidade bancária aquiliana.

[157] Sobre o assunto, cfr. Alberto Luís, "Direito Bancário, Temas Críticos e Legislação Conexa", Livraria Almedina, Coimbra, 1985, págs. 70 e 71.

[158] Cf. Menezes Cordeiro, "Concessão de crédito...", in "Banca, Bolsa e Crédito", pág. 18, e Manuel Veiga de Faria, "Algumas questões...", págs. 50-52.

depauperaram o seu património. O banqueiro é responsabilizado com o argumento de que o financiamento retardou a declaração de falência, sem o que os demais credores teriam obtido alguma satisfação dos seus créditos, com recurso ao património da massa falida.[159/160]

Aí a responsabilidade do banqueiro face aos danos provocados aos demais credores da empresa falida funda-se na ideia da *"faute"*, baseada, não na ilicitude, mas no juízo psicológico de censura[161].

Entretanto, um outro prisma, sob o qual se avalia, no direito francês, a eventual responsabilidade do banqueiro, respeita à aplicação dos fundos que disponibiliza ao seu cliente[162]. O que aqui se

---

[159]Cr. Michel Vasseur, "La responsabilité...", págs. 403-404. Considera-se que uma empresa está em estado de cessação de pagamentos quando, mesmo que subsista, esteja impossibilitada de fazer face ao seu passivo exigível com o seu activo disponível.

[160] Note-se que, como referimos supra, essa responsabilidade do banco perante os credores do beneficiário do crédito existirá quando este tenha sido concedido a uma empresa em estado de cessação de pagamentos. Abordagem diversa surge no caso de empresas *em situação económica difícil*: o banco que concede crédito a uma empresa em dificuldade não incorre em responsabilidade civil aquiliana se a recuperação era aparentemente possível no momento da concessão do crédito e o plano dessa recuperação era "objectivamente sério". Próxima desta posição está, no direito português, a de João António Lopes Cardoso, "Alguns aspectos...", pág. 244, para quem as "empresas em dificuldade" tanto podem mostrar-se susceptíveis de recuperação, como de recuperação improvável ou impossível – o crédito às primeiras nada tem de censurável, pois o banqueiro concede-o tendo em vista o reembolso das quantias que haja mutuado. Também na doutrina portuguesa, Margarida Maria Matos Correia Azevedo de Almeida, *"A responsabilidade civil...".*, pág. 157, segue a mesma orientação ao afirmar que *"não será aceitável considerar que o facto de o banqueiro ter aceite conceder crédito a uma empresa cujas dificuldades conhecia seja suficiente para considerar que actuou ilicitamente, mesmo quando o crédito concedido se venha a revelar inconsequente e a empresa acabe por ser sujeita a um processo de falência."* E acrescenta: *"Na verdade, se a sobrevivência da empresa não estiver irremediavelmente comprometida, não se afigura, em princípio, condenável a opção do banqueiro no sentido de lhe conceder crédito."*

[161] Sobre o significado e origem histórica da "faute", cfr. Menezes Cordeiro, "Da responsabilidade civil dos administradores", págs. 427 e ss. Contrariamente ao que sucede nos ordenamentos jurídicos português e moçambicano (artigo 483.º, 1 do CC), a responsabilidade civil no direito francês assenta na não distinção entre a culpa e a ilicitude. Como ficou referido, o artigo 1382.º do *Code Civil* francês obriga todo aquele que, agindo com *faute*, cause prejuízo a outrem, a repará-lo. Ao contrário do que acontece no artigo 483.º, 1 do CC, não se exige aqui a violação de uma norma jurídica concreta (isto é, a ilicitude). À jurisprudência é deixada a tarefa de, em cada caso concreto, determinar as condutas susceptíveis de gerar responsabilidade civil.

[162] Michel Vasseur, op. cit., pág. 407.

discute traz à colação a questão, mais genérica, de saber se o banco tem a obrigação de controlar a aplicação dos fundos que empresta.[163] Neste domínio, a jurisprudência, nomeadamente a decisão da *Cour de Cassation* de 9 de Maio de 1978, distingue duas espécies de crédito: por um lado, os créditos de apoio geral à empresa, para os quais está excluída a fiscalização da aplicação dos fundos, e, por outro, os créditos afectos ao financiamento de uma determinada operação, casos em que o banqueiro teria a obrigação de controlar a sua correcta afectação, abstendo-se, todavia, de se imiscuir em assuntos de gestão da empresa financiada.

7.1.2. *Direito alemão*

Dediquemos uma breve palavra à experiência alemã. No direito alemão, a responsabilidade do banqueiro por danos causados a terceiros segue uma linha de orientação marcadamente diversa da francesa. Com efeito, a jurisprudência tem sido no sentido de admitir a responsabilidade bancária pela concessão de crédito nas circunstâncias em que o banqueiro o tenha feito com o *animus* de prejudicar os demais credores, ofendendo, dolosamente, os bons costumes.

A tendência jurisprudencial tem por suporte legal o § 826 do BGB, nos termos do qual é responsável aquele que, actuando, com dolo, contra os bons costumes, provoque danos a outrem[164]. A responsabilização do banqueiro coloca-se, pois, em termos muito mais restritos do que no direito francês.

---

[163] É intuitivo que o banco há-de abster-se de conceder crédito a quem pretenda destiná-lo a fins ilícitos.

[164] Sobre este assunto, cfr. Jorge Sinde Monteiro, "Responsabilidade por conselhos...", págs. 555-556, nota de pé-de-página n.º 347. No nosso ordenamento jurídico, a violação dos bons costumes ou da ordem pública acarreta a nulidade do negócio jurídico, nos termos do artigo 280.º, 2 do CC, assunto de que nos ocuparemos mais adiante.

7.1.3. *Direito italiano*

No ambiente jurídico italiano, começa-se a falar da responsabilidade civil dos bancos por má gestão (*mala gestio*) a partir de meados dos anos 70 do século XX, colhendo os ecos daquilo que acontecia então na Europa, sobretudo em França, onde o problema já era abundantemente debatido[165].

O debate dá os primeiros passos numa altura em que a economia italiana passava por momentos difíceis e os bancos foram chamados a desenvolver um papel preponderante no mercado, como distribuidores de recursos financeiros, com a finalidade de suprir as necessidades das empresas carentes.

Entretanto, face à teoria clássica do ilícito civil então em voga, o ressarcimento de danos somente era concebível nos casos de violação de um interesse especificamente protegido pelo ordenamento jurídico na forma de direito subjectivo, de tal modo a poder reconhecer-se ao agente um correlativo dever jurídico de se abster de lesar aquele interesse (como acontece tipicamente com os direitos absolutos, designadamente o direito de propriedade e os direitos de personalidade). Esta perspectiva deixava pouco espaço para alicerçar uma pretensão dos credores da empresa falida em relação ao banco que a financiou ilegalmente.

Assim, era sustentável que o banco não tinha de responder por perdas económicas sofridas por terceiros, credores da empresa beneficiária de crédito, na medida em que não era reconhecível um seu dever de prevenir um tal prejuízo[166].

Todavia, essa concepção veio a conhecer reviravoltas assináveis na doutrina, com repercussões na jurisprudência. Efectivamente, a Corte de Cassação chegou a admitir que também a lesão do direito de crédito por parte de um sujeito diverso do obrigado (que houvesse provocado ou contribuído para provocar o inadimplemento do devedor)

---

[165] Cfr. Franco Anelli, "La responsabilité..."., pág. 142. Segundo este Autor, foi necessário esperar pelo ano de 1993 para se ver afirmada pela primeira vez, pelo menos como princípio, pela Corte de Cassação, a possível responsabilidade do banco por imprudente concessão de crédito.

[166] Estar-se-ia perante danos puramente patrimoniais, cuja ressarcibilidade não é, em regra, concebível, como a seu tempo melhor detalharemos.

podia fazer nascer a obrigação de ressarcir o dano que consistiria na frustração do interesse do credor[167]. Eram os primeiros passos de uma progressiva expansão da tutela ressarcitória, que em seguida se estenderia, designadamente, à indemnização do dano da perda de *oportunidade,* à tutela do direito de expectativa, e assim por diante.

Nesse quadro, para a responsabilização do banqueiro assume-se que o seu profissionalismo faz presumir que o beneficiário do crédito, justamente por ter obtido financiamento bancário, seja um empresário capaz, honesto e credível. Por outras palavras, ao conceder crédito, o banco daria, com factos concludentes, informações positivas sobre o beneficiário aos interessados, as quais seriam fonte de responsabilidade civil. Contudo, em geral a jurisprudência e a doutrina italianas, embora reconhecendo a responsabilidade aquiliana por falsas informações, limitam-na às situações em que as mesmas são dadas directamente ao interessado, de tal modo que lhe criem uma legítima confiança, suficiente para o dispensar de proceder a outras averiguações sobre a situação efectiva do sujeito com quem tenha entrado, ou pretenda entrar, em relação de crédito.

Nessa conformidade, nos casos em que a informação chegue ao interessado por via indirecta, ou seja dada a uma generalidade de destinatários, faltar-lhe-ia essa legítima confiança e, por conseguinte, não estaria desonerado de efectuar as normais diligências nas relações com o potencial devedor. A omissão dessas diligências seria suficiente para cortar o nexo causal entre a conduta de quem presta as informações e os danos.

Nessa categoria de informações dadas à generalidade de pessoas, caberia a hipótese da confiança a terceiros gerada pelo financiamento bancário, pelo que se julga que essa forma de responsabilidade civil seria inconcebível segundo os princípios do ordenamento jurídico italiano.

Em tese geral, não é, pois, concebível uma responsabilidade civil do banqueiro por ter gerado confiança em terceiros como resultado de financiamento que tenha feito a um empresário em situação

---

[167]Sobre a teoria da eficácia externa das obrigações, ocupar-nos-emos *infra*, ponto 7.1.5.4 do sumário.

económica comprometida[168], ressalvando-se, porém, a possibilidade de responsabilidade civil do banqueiro por conduta dolosa.

Entretanto, outro dos ângulos sob os quais a temática da responsabilidade bancária relacionada com a concessão de crédito é abordada na doutrina italiana tem a ver com as chamadas regras do bom profissionalismo bancário.

Trata-se dum conjunto de normas, princípios e práticas de boa administração das instituições de crédito, as quais desaconselham a concessão de financiamento a empresas em situação economicamente comprometida. Subjaz a essas regras, designadamente, o interesse público da segurança dos fundos que estão confiados aos bancos e a salvaguarda de um sistema bancário são e eficiente.

Assim, para a verificação da responsabilidade civil do banqueiro, recorre-se à bitola do "profissionalismo bancário médio", isto é, à diligência profissional (normalmente) exigível. A culpa do banqueiro na avaliação da solvabilidade da empresa beneficiária (e na decisão que efectivamente toma de conceder crédito) é aferida segundo o padrão do *bonus argentarius*[169/170].

Sendo, todavia, a actividade creditícia caracteristicamente de risco, não obstante o profissionalismo das instituições de crédito, não se pode pensar numa infalibilidade do seu investimento.

---

[168] No direito português, esta é também a posição defendida por Maria Margarida Correia Azevedo de Almeida, "A responsabilidade civil...", págs. 151-152, para quem, face às possibilidades de informação que os bancos possuem comparativamente aos demais comerciantes, estes encaram o crédito como atestado de idoneidade da empresa. Defende, porém, a Autora – com o que concordamos plenamente – que tal circunstância "*não significa que os credores que estabeleçam relações negociais, fazendo fé na conduta do banqueiro, estejam dispensados da utilização dos meios que estiverem ao seu alcance para aferir sobre a situação patrimonial das empresas com que contratam.*"

[169] Do latim *argentarius*, banqueiro. O *bonus argentarius* é definido como "la figura ideale del banchiere, attento, esperto e diligente nella sua multiforme attività" – Franco Anelli, "La responsabilità...", pág. 148.

[170] A esse propósito, cite-se a posição de Franco Anelli, "La responsabiltà...", págs. 149 e ss, para quem, sendo embora ilícito prover financeiramente um sujeito insolvente, retardando, desse modo, a sua expulsão do mercado, não basta, para tornar o banco responsável, o facto – histórico e objectivo – de que o financiado fosse insolvente. Requer-se – defende o Autor – uma avaliação da conduta do banco na decisão de conceder o financiamento: isto é, é necessário que possa evidenciar-se *culpa* sua, dentro dos parâmetros de comportamento do banqueiro prudente.

Por conseguinte, perante uma situação concreta, apenas integrarão a culpa do banqueiro na concessão de crédito os erros de avaliação que o mesmo poderia ou deveria evitar (omissão de diligência exigível). Será necessário proceder-se a uma *prognose póstuma*: verificar se, no momento do financiamento e nas condições específicas consideradas, um banqueiro prudente, de diligência normal, teria agido diferentemente.

Outro aspecto ainda que tem sido objecto de debate na doutrina italiana e que constitui o reverso do que nos temos vindo a ocupar é o recurso *abusivo* ao crédito. Discute-se se haverá responsabilidade civil quando uma empresa recorra "abusivamente" ao crédito, isto é, sabendo (ou devendo saber) que esse financiamento apenas lhe agravará o passivo.

Nesse caso, estaria em causa uma responsabilidade delitual, com fundamento legal no artigo 218.º da Lei de Falências, o qual prevê o delito do recurso abusivo ao crédito[171], ou seja, o comportamento de uma empresa que, sabendo-se em estado de ruína, continua a solicitar crédito. A *ratio legis* terá sido a de evitar o agravamento do passivo da empresa em situação difícil, em prejuízo dos credores[172].

Sempre que as condições e a estrutura da empresa a tornem numa unidade produtiva economicamente inviável, o ordenamento jurídico impõe a cessação da actividade, tutelando, desta forma, quer os interesses gerais da economia, quer os dos sujeitos que com tal empresa se tenham relacionado ou venham a relacionar-se[173].

O banco que conhecendo, ou devendo conhecer, tal situação económica da empresa, ainda assim lhe concede crédito é considerado cúmplice do seu cliente pelo delito do recurso abusivo ao crédito.

Enfim, a doutrina italiana reconhece, a par do delito do recurso abusivo ao crédito, a responsabilidade do banqueiro pelo exercício

---

[171] Note-se que a referida Lei de Falências estabelece a obrigação de o empresário em situação económica comprometida requerer a sua própria falência e a de não executar operações com o fito de retardar a declaração de falência.

[172] Mónica Fleitas Flores e Alicia Ferrer Montenegro, op. cit., pág. 59.

[173] Daí que a falência possa ser requerida pelo ministério público, pelos credores e pelo próprio devedor. Trata-se duma solução idêntica à do direito moçambicano: a instância da falência inicia-se pela apresentação do comerciante ou a requerimento, quer dos credores, quer do ministério público (artigo 1136.º do CPC).

ilícito da função creditícia, em prejuízo de terceiros, admitindo, no entanto, as dificuldades práticas a nível das provas do nexo de causalidade adequada entre a intervenção do banco e os danos alegadamente sofridos por terceiros, credores da empresa financiada. Sobre os credores da empresa financiada recai o ónus da prova do prejuízo causado pelo financiamento bancário. Assim, os credores constituídos antes do crédito bancário deverão provar que, sem a intervenção do banco, a empresa (devedora) teria sido tempestivamente declarada falida e, por conseguinte, o volume do seu passivo não se teria agravado. Por seu turno, os credores sucessivos deverão provar que terá sido o apoio do banco a gerar uma situação de ilusória prosperidade, induzindo-os a financiar o falido e que tomaram as diligências exigíveis para aferir a real situação patrimonial da empresa financiada. Com efeito, conforme se disse, considera-se que as informações dadas a uma generalidade de destinatários não responsabilizam quem as fornece. Por conseguinte, entende-se que os credores que investem enganados pela aparente saúde financeira da empresa tinham, eles próprios, o dever de se informar convenientemente, antes da decisão de investir.

7.1.4. *Direito uruguaio*

Uma breve notícia sobre a experiência uruguaia afigura-se-nos relevante, atendendo às semelhanças do respectivo regime legal em relação ao nosso.

Através da "Recopilación de Normas de Control y Regulación del Sistema Financiero"[174], o Banco Central do Uruguai estabelece regras tendentes a evitar a concessão abusiva de crédito, nomeadamente obrigando as instituições financeiras a obter uma informação circunstanciada e precisa da situação económico-financeira dos que lhes solicitam crédito.

Com efeito, por força das normas em referência, os que pretendam obter crédito obrigam-se a fornecer dados como nome, domicílio,

---

[174] Mónica Fleitas Flores e Alicia Ferrer Montenegro, "Responsabilidad de los bancos...", pág. 60.

actividade principal, situação patrimonial e resultado do exercício económico anterior, declaração (sob juramento) de bens, análise e estudos de viabilidade económica, cópias de contratos de hipoteca ou de outras garantias reais que existam, além de outras responsabilidades assumidas no sistema bancário nacional ou no estrangeiro. Tratando-se de pessoas jurídicas, é necessário incluir dados relativos às pessoas físicas ou colectivas que as integram.

A não observância das normas de conduta *del buen banquero*[175] insertas no referido instrumento legal acarreta, além de responsabilidade civil face a terceiros, sanções de natureza administrativa (multa). O conceito de terceiros para efeitos de responsabilidade civil extra-contratual no direito uruguaio inclui, além dos credores do cliente do banqueiro, os fiadores, havendo-os.

Os expedientes legais de que os credores dispõem para a salvaguarda dos seus direitos são a acção pauliana e a *revocatória concursal*, sendo a finalidade de ambos a restituição ao património do devedor dos bens que constituíam a garantia comum de todos os credores.

7.1.5. *Soluções à luz dos direitos português e moçambicano*

7.1.5.1. *Os meios de conservação da garantia patrimonial dos credores*

Preliminarmente, importa fazer uma breve referência aos meios conservatórios de garantia patrimonial dos credores no actual CC moçambicano. Entre nós, se uma empresa em situação económica comprometida recorrer abusivamente ao crédito bancário, pondo, por essa via, em causa a garantia geral das obrigações[176] por si assumidas

---

[175] Reconduz-se à já mencionada figura do *bonus argentarius*.

[176] Em face do princípio estabelecido pelo artigo 601.º do CC, a garantia geral das obrigações é constituída por todos os bens do devedor susceptíveis de penhora, sem prejuízo dos regimes especialmente estabelecidos em consequência da separação de patrimónios. Por seu turno, o artigo 821.º do Código de Processo Civil prevê que estão sujeitos à execução todos os bens que, nos termos da lei substantiva, respondem pela dívida, quer pertençam ao devedor, quer a terceiro. Entretanto, os artigos subsequentes prevêem excepções,

ou que vier a contrair, a que meios, que não a responsabilidade civil, os respectivos credores poderão recorrer?

O CC prevê, entre os artigos 605.º e 622.º, os seguintes meios conservatórios da garantia patrimonial dos credores:

a) A declaração de nulidade (artigo 605.º);
b) A sub-rogação do credor ao devedor (artigos 606.º a 609.º);
c) A impugnação pauliana (artigos 610.º a 618.º); e
d) O arresto (artigos 619.º a 622.º).

Debrucemo-nos sobre os que nos parecem pertinentes à nossa indagação: a declaração de nulidade, a sub-rogação e a impugnação pauliana.

Quanto à declaração de nulidade, o artigo 605.º estabelece que os credores têm legitimidade para invocar a nulidade dos actos praticados pelos devedores, anteriores ou posteriores à constituição do seu crédito, desde que tenham interesse na declaração da nulidade, não sendo necessário que esses actos produzam ou agravem a insolvência do devedor.

Conforme estatui o artigo 289.º do CC, tanto a declaração de nulidade como a anulação do negócio produzem efeitos *ex-tunc*, implicando a restituição de tudo o que houver sido prestado ou, no caso de a restituição em espécie não ser possível, do valor equivalente. Com efeito, as coisas passam-se como se o negócio não tivesse sido realizado. Aplicada esta norma ao negócio jurídico de crédito, haveria lugar à restituição pelo mutuário dos montantes desembolsados pelo banqueiro. Este, por seu turno, teria que restituir os juros ou comissões cobrados. É evidente que uma tal solução constituiria, por assim dizer, para os demais credores da empresa beneficiária do financiamento bancário, um "remédio pior que a dor" na medida em que em nada acautelaria, em princípio, os seus interesses.

Nestes termos, o recurso à declaração de nulidade do contrato de crédito é, na prática, inviável. Em face disso, cabe indagar da conveniência de lançar mão dos demais meios conservatórios da garantia patrimonial dos credores, designadamente as acções sub-rogatória e pauliana.

---

quanto aos bens absoluta ou totalmente impenhoráveis (artigo 822.º) e aos relativa ou parcialmente impenhoráveis (artigo 823.º).

A acção sub-rogatória tem lugar quando:

a) Haja inacção do devedor[177]; isto é, quando este tem direito de conteúdo patrimonial que não exerce; e
b) O exercício desse direito se mostra essencial à satisfação ou garantia do credor[178].

Sempre que assim suceda, o credor pode exercer o próprio direito do devedor, contra terceiros, nos termos do artigo 606.º do CC, com o intuito, designadamente, de reforçar a garantia geral[179]. Cremos que, ao abrigo deste preceito legal, os credores da empresa beneficiária de crédito bancário têm legitimidade para a esta se substituírem no exercício, contra as instituições de crédito, dos direitos ou poderes que lhe competem e que se abstém de efectivar. As instituições de crédito contra quem a sub-rogação é exercida, quer por via de acção judicial, quer extrajudicialmente, somente poderão opor aos demais credores da empresa beneficiária de crédito os meios de defesa que contra esta tenham[180]. Parece-nos, contudo, que esta situação somente faz sentido nos casos em que o devedor tenha direito a tranches de financiamento a que a instituição financeira se tenha vinculado. Aí o mutuário teria direito às prestações contratualmente convencionadas, mas mostra-se inerte.

Quanto à acção pauliana, trata-se duma faculdade que a lei concede aos credores de impugnarem judicialmente os actos celebrados pelos devedores em seu prejuízo. Desde logo, terão que provar que o crédito concedido lhes causou algum prejuízo.

---

[177] Um marco importante: o que está em causa é a conduta omissiva do devedor, contrariamente ao que sucede nos casos que determinam a impugnação pauliana e o arresto.

[178] Trata-se uma exigência essencial, que não se põe na declaração de nulidade (cfr. artigo 605.º, 2 do CC).

[179] Na verdade, ainda que a sub-rogação seja exercida por um dos credores, ela aproveita a todos os demais, incluindo o próprio devedor (artigo 609.º CC). Logo, não atribui preferência no pagamento aos credores. Ressalvam-se as situações (de sub-rogação directa, nomeadamente no artigo 1181.º, 2 do CC) em que, fora do âmbito da conservação da garantia geral, a lei concede a certo(s) credor(es) a faculdade de, em proveito próprio, exercer(em) os direitos que competem ao devedor. Sobre sub-rogação, v. a previsão do n.º 2 do artigo 164.º do novo CCm.

[180] Para mais detalhes sobre a sub-rogação, cfr., por todos, Menezes Leitão, "Direito das Obrigações", vol. II, Transmissão e extinção das obrigações – Não cumprimento e garantias do crédito – 2.ª Edição, Almedina, Fevereiro de 2003 - págs. 284-286.

Para que haja lugar à impugnação pauliana é necessário, de acordo com o disposto no artigo 610.º do CC, que concorram as seguintes circunstâncias:

a. Ser o crédito anterior ao acto impugnado ou, sendo posterior, tenha sido realizado dolosamente com a finalidade de impedir a satisfação do futuro credor;

b. Resultar do acto a impossibilidade, para o credor, de obter a satisfação integral do seu crédito, ou o agravamento dessa impossibilidade; e

c. Não ter o acto impugnado carácter pessoal.

Os actos perpetrados pelo devedor, susceptíveis de serem atacados por via da acção pauliana, podem consistir em vendas, doações, renúncias a direitos, assunção de novas dívidas, além de outros, que se traduzam quer na diminuição do seu activo, quer no aumento do passivo.

Como resulta do acima referido, não podem ser objecto de impugnação pauliana os actos de natureza pessoal (como, v.gr., o casamento, a filiação e a adopção), ainda que porventura envolvam diminuição do acervo de bens que constituem a garantia patrimonial dos credores.

Acresce que, tratando-se de actos onerosos (como o é, caracteristicamente, o crédito bancário), só há lugar a acção pauliana se o devedor e um terceiro tiverem agido de má-fé (*"consilium fraudis"*)[181]. Este condicionalismo não é imposto relativamente aos actos gratuitos, que são sempre impugnáveis.

Assim, no contexto da concessão de crédito, assumindo que, em regra, é um negócio jurídico oneroso, só há lugar à impugnação pauliana quando o devedor, beneficiário do financiamento, e o banqueiro tenham contratado de má-fé, ou seja, com a consciência do prejuízo que o acto causa ao credor.[182]

Será, pois, necessário que o banco credor saiba de antemão que o mutuário não gerirá diligentemente os fundos disponibilizados,

---

[181] Se o acto é oneroso e as partes estão de boa-fé, não faz sentido censurar o devedor. Sobre o papel da boa fé na impugnação pauliana, Menezes Cordeiro, "Da Boa fé no Direito Civil", págs. 492 e ss.

[182] Cfr. artigo 612.º, 2 do CC.

que não os afectará às finalidades a que se tenha proposto, nomeadamente um investimento com vista à recuperação da empresa, ou que tais fundos serão usados em prejuízo dos demais credores. Trata-se, segundo certos autores, de uma hipótese de difícil concretização, por um lado, tendo em conta a natureza institucional dos bancos, que envolve, por isso mesmo, seriedade e sobriedade dos seus actos, e considerando, por outro, o facto de, naturalmente nenhum banco desejar sofrer perdas[183].

Pode, porém, suceder os administradores da instituição de crédito acordarem com a empresa beneficiária um crédito em condições que envolvam violação das normas legais ou estatutárias, de que resultem prejuízos para terceiros. Tal hipótese suscitaria a questão da responsabilidade civil dos administradores e, bem assim, a de saber se os danos puramente patrimoniais sofridos por terceiros são ressarcíveis. Este aspecto será objecto de apreciação em lugar próprio.

Nos termos do artigo 17.º, 2 do Decreto-Lei n.º 49 381/69, de 15 de Novembro, *"os administradores respondem para com a sociedade pelos danos a esta causados por actos ou omissões praticados com preterição dos deveres legais ou estatutários, salvo se provarem que procederam sem culpa"*[184/185]. Contudo, como parece intuitivo, a

---

[183] Contudo, com Menezes Cordeiro, "Manual...", pág. 360, os actos das instituições de crédito são passíveis de impugnação pauliana *"quando, a pretexto de concessão de novos créditos, o banqueiro consiga garantias que vão prejudicar os outros credores ou – pior ainda! – quando se trate de garantias concedidas, em detrimento dos credores, para assegurar o cumprimento de terceiros."* Decorre daí que se das condições concretas em que se tiver acordado a concessão de crédito resultarem prejuízos para os demais credores da empresa beneficiária do financiamento, a estes será lícito o recurso à acção pauliana.

[184] Corresponde, na essência, ao disposto no artigo 160.º, 1 do novo CCm. Sobre o mesmo assunto, o artigo 133.º da "Ley de Sociedades Anónimas" (espanhola) é mais detalhado: *"1. Los administradores responderán frent a la sociedad, frent a los accionistas y frent a los acreedores sociales del daño que causen por actos contrários a la Ley o los estatutos, o por los realizados sin la diligencia con la que deben desempeñar el cargo. 2. Responderán solidariamente todos os miembros del órgano de administración que realizo el acto ou adopto acuerdo, menos lo pruebem que, no habiendo intervenido en su adopcción y ejecución, desconocían sua existência o conociéndola hicieron todo lo conveniente para evitar el daño o, al menos, opusieron expresamente a aquél. 3. En ningún caso exonerará de responsabilidad la circunstancia de que el acto o acuerdo lesivo haya sido adoptado, autorizado o ratificado por la junta general."* Por seu turno, o artigo 69.º da Ley (também espanhola) de Sociedades de Responsabilidad Limitada dispõe que *"los administradores responderán frent a la sociedad de los daños causados por dolo, abuso de facultades, negligencia grave o incumplimiento de la Ley o de la escritura fundacional."*

responsabilidade dos administradores para com a sociedade não existirá quando o acto ou a omissão assente em deliberação da assembleia geral, ainda que seja anulável.[186]

Enfim, tudo se reduz à questão de se apurar se os prejuízos sofridos pelos credores, que lançam mão da acção pauliana, são ou não consequência directa ou necessária do crédito que se pretende impugnar, sendo certo que o crédito representa um activo que ingressa na esfera patrimonial do devedor. Não tendo, porém, a acção pauliana em vista a indemnização de prejuízos, escassa relevância prática teria lançar-se-lhe mão. Daí resulta que o instituto da responsabilidade civil é o que se mostra mais adequado à tutela dos credores e demais terceiros que se achem prejudicados pela concessão de crédito, como desenvolveremos em lugar próprio.

7.1.5.2. *Pressupostos da responsabilidade civil*

É altura de prestarmos a devida atenção ao regime da responsabilidade civil no nosso direito vigente. A similitude das soluções

---

[185] Para uma classificação das obrigações ou deveres dos administradores, cfr. Raul Ventura e Brito Correia, in "Responsabilidade Civil dos administradores", págs. 103 e ss.

[186] Um dos expedientes de reacção judicial hodiernamente empregues contra abusos cometidos pelos administradores e sócios é o "levantamento do véu" da pessoa colectiva, correspondendo a uma derrogação do chamado "princípio da separação". Trata-se de uma medida que visa, fundamentalmente, prevenir fraudes e prejuízos antijurídicos, especialmente a terceiros que contratam com entes colectivos. Para determinar quem são os responsáveis pelo ilícito civil ou criminal, há que apurar quando é que a pessoa jurídica é totalmente fictícia e com a sua constituição se pretende iludir a responsabilidade imputável às pessoas físicas que lhe estão por detrás. Sobre a teoria do levantamento da personalidade jurídica (ou *desconsideração* das pessoas colectivas e das sociedades), Menezes Cordeiro, "Da responsabilidade civil dos administradores das sociedades comerciais", Lex, Lisboa, 1997, págs. 321-334, Francis Lefebvre, "Responsabilidad de los administradores – Levantamiento de velo", Atualizado a 1 de Mayo de 2000, págs. 187-257, Jaime Santos Briz, "La responsabilidad civil – Temas actuales" – Editorial Montecorvo, S.A., Madrid, 2001, págs. 491 e ss e Jorge Manuel Coutinho de Abreu, "Curso de Direito Comercial", vol. 2 – Das Sociedades – 2.ª reimpressão da edição de 2002, Almedina, Outubro de 2003, págs. 174-182. Quanto à diversa terminologia, cfr. esta última obra, nota de pé-de-página n.º 32, págs. 174-175; o legislador moçambicano optou pela locução "Desconsideração da personalidade jurídica" (artigo 87.º do novo CCm).

94   *Concessão de Crédito e Responsabilidade Bancária*

legais entre os regimes jurídicos moçambicano e português nos domínios de que nos ocupamos neste trabalho constitui um dado sobejamente conhecido e historicamente justificado.

Em face do CC vigente, a responsabilidade civil aquiliana compreende: (i) a responsabilidade por factos ilícitos (artigos 483.º e ss); (ii) a responsabilidade pelo risco (artigos 499.º e ss) e (iii) a responsabilidade por factos lícitos (de que são exemplos o artigo 339.º, 2, relativo ao dever de indemnizar a cargo do autor da destruição ou do dano, causados pela prática de actos em estado de necessidade; o artigo 1322.º, 1, sobre o dever de reparar os danos causados pelo proprietário de enxame de abelhas na sua perseguição e captura em prédio alheio; o artigo 1347.º, 3, sobre a obrigação de indemnizar quem seja prejudicado pela construção ou manutenção de obras, instalações ou depósitos de substâncias corrosivas ou perigosas; o artigo 1348.º, 2, relativo a danos resultantes da abertura de minas, poços ou realização de escavações no prédio vizinho e o artigo 1349.º, 3, concernente ao direito que o proprietário de um prédio tem de ser indemnizado em caso de danos resultantes de passagem forçada momentânea).

A sistematização dos elementos constitutivos da responsabilidade civil aquiliana, conforme resulta do disposto no artigo 483.º do CC, não é uniforme. Com efeito e a título de exemplo, para Pessoa Jorge[187] os pressupostos da responsabilidade civil extracontratual são (i) o acto ilícito – incluindo o facto, a ilicitude e a culpa – e (ii) os prejuízos reparáveis, compreendendo as noções de dano e nexo causal. Para Menezes Cordeiro[188], os pressupostos da responsabilidade civil extra--contratual redundam nestes dois: dano e imputação.

Segundo outra perspectiva, mais detalhista, que aqui seguimos de perto, consideram-se os seguintes elementos cumulativos:

    a) o facto;

    b) a ilicitude (desse facto);

    c) a imputação do facto ao lesante;

    d) o dano; e

    e) o nexo de causalidade entre o facto e o dano[189].

---

[187] "Ensaio sobre os pressupostos da responsabilidade civil", págs. 55 e ss e "Direito das Obrigações", págs. 513 e ss).

[188] "Direito das Obrigações", vol. 1, págs. 281 e ss.

[189] Neste sentido, entre outros autores, Almeida Costa, "Direito das Obrigações", 4.ª edição, págs. 483 e ss e Antunes Varela. "Das obrigações em geral", 10.ª edição, págs. 525 e ss.

Quanto a estes pressupostos, dir-se-á, em síntese, o seguinte:

1. O facto causador do dano tem de ser um facto voluntário do agente e não um facto natural. Com efeito, só os seres humanos, enquanto destinatários de normas jurídicas (que são normas do *dever ser*), podem violar direitos de outrem ou disposições legais que visam a tutela de interesses de outrem. Essa violação pode consistir num comportamento positivo – uma dada acção (*facere*) – ou negativo, uma abstenção (*non facere*). Com efeito, a omissão, enquanto atitude negativa, é, ainda assim, susceptível de física ou materialmente causar danos. Contudo, só haverá responsabilidade civil quando haja um dever especial, de fonte legal ou contratual, de praticar um acto que, segura ou muito provavelmente, teria obstado à causação do prejuízo;

2. A responsabilidade civil aquiliana pressupõe ainda que a conduta do agente envolva ilicitude, isto é[190]:

    a) A violação de um direito de outrem (direito subjectivo e não um mero interesse, mesmo que juridicamente tutelado[191]) – artigo 483.º, 1, 1.ª parte. Têm-se aqui em vista direitos que se impõem "erga omnes", v. gr. direitos de personalidade, direitos sobre as coisas e direitos de proprie-

---

[190] É comum distinguir-se entre a ilicitude objectiva e a subjectiva. A ilicitude objectiva supõe a desconformidade entre a conduta e o imperativo legal, considerada a conduta em si própria, com abstracção da existência ou não de um nexo de imputação entre ela e o agente. É, pois, independente da culpa. A ilicitude subjectiva supõe igualmente a desarmonia entre o comportamento e a norma, mas visto o tal comportamento também sob o ângulo desse nexo de imputação entre ele e o sujeito. Quer dizer, além de objectiva, verifica-se, da parte do sujeito, uma atitude interior passível de reprovação ou censura, a qual se pode traduzir na vontade de praticar o acto ou produzir o evento que viola o preceito legal, ou pelo menos aceitação consciente de que vai violá-lo (dolo) ou então na omissão do dever de diligência necessária para obviar a essa violação (negligência). Na fórmula concisa de Menezes Cordeiro, "Direito das Obrigações", vol. II, pág. 304, a ilicitude subjectiva consiste na violação voluntária das estatuições normativas e a ilicitude objectiva, na simples desconformidade entre o comportamento externo da pessoa e a factualidade pretendida pelo Direito.

[191] Como bem diz Sinde Monteiro, "Responsabilidade por conselhos...", pág. 182, "se toda a causação culposa de danos houvesse em princípio de ser considerada ilícita por virtude da primeira cláusula, ao estilo do direito francês, então a segunda alternativa tornar-se-ia tautológica ou inútil."

dade intelectual. Trata-se, com efeito, de direitos cuja existência e conteúdo são facilmente reconhecíveis para a generalidade das pessoas. Não se pode exigir que as pessoas em geral respeitem posições jurídicas que não sejam facilmente cognoscíveis. O perigo de lesão é facilmente reconhecível nos bens jurídicos a que correspondem direitos *erga omnes*. Excluem-se, assim, do domínio da tutela do artigo 483.º, 1, 1.ª parte os direitos de crédito[192];

b) A violação de um preceito legal que visa a tutela de interesses alheios (violação de normas de protecção[193]) – artigo 483.º, 1, 2.ª parte.

O que a norma pretende tutelar são interesses de terceiros. Na verdade, situando-se o dano na esfera jurídica do lesante, não se põe a questão do dever de indemnizar.

Com Antunes Varela[194], são três os requisitos do preenchimento da previsão da segunda parte do artigo 483.º, 1 do CC ("... *disposição legal destinada a proteger interesses alheios...*"):

a. A lesão dos interesses particulares deve corresponder à violação de uma norma legal[195];

b. A tutela dos interesses alheios deve figurar, de facto, entre os fins da norma violada; e

c. O dano deve ter-se registado no círculo de interesses privados que a lei visa proteger.

---

[192] Tratando-se de lesão de posições creditícias, segue-se o regime da responsabilidade obrigacional dos artigos 798.º e ss do CC. As obrigações são, em geral, apenas do conhecimento do devedor e do credor. Ainda que objectivamente sejam violadas por terceiros podem estes, *ex bona fide*, ser ilibados de responsabilidade civil por falta de culpa. Sobre o problema da ressarcibilidade aquiliana dos interesses puramente patrimoniais, Carneiro da Frada, "Teoria da Confiança e Responsabilidade Civil", Colecção Teses, Almedina, 2004, págs. 238 e ss.

[193] São normas que visam directamente a protecção de interesses da comunidade e, ao mesmo tempo, dos particulares sem, no entanto, que estes sejam tutelados por direitos subjectivos.

[194] "Das Obrigações em Geral", vol. I, 10.ª edição, págs. 539 e ss. Cfr. ainda Menezes Cordeiro, "Direito das Obrigações", vol. II, págs. 344 e ss.

[195] A ideia de que no domínio da responsabilidade delitual para que uma conduta seja considerada ilícita é necessário que envolva especificamente a violação duma norma jurídica é destacada por Menezes Cordeiro, "Manual...", pág. 358.

Conclui-se que não basta que haja um mero reflexo da protecção de interesses colectivos. Não basta que a tutela aproveite também a terceiros. A norma deve, pois, ter em vista a tutela desse interesse.

3. O fundamento da responsabilidade extracontratual radica na ideia de culpa[196]. A opção legal foi, pois, pela responsabilidade subjectiva. Com efeito, a culpa surge, em regra, como *condition sine qua non* da responsabilidade civil (artigo 483.º, 2 do CC). Somente em casos muito contados é que a lei permite a responsabilidade civil independentemente de culpa, v. gr., responsabilidade do comitente pelos danos causados pelo comissário (artigo 500.º), responsabilidade do Estado e de outras pessoas colectivas públicas por danos causados a terceiros pelos seus órgãos, agentes ou representantes no exercício de actividades de gestão privada (artigo 501.º), responsabilidade civil por danos causados por animais, a cargo de quem, no seu próprio interesse, os utiliza, contanto que tais danos resultem do especial perigo que a utilização desses animais envolva (artigo 502.º), responsabilidade por acidentes causados por veículos de circulação terrestre (artigo 503.º), responsabilidade por danos causados por instalações de energia eléctrica ou gás, sendo o dever de os reparar imputável a quem tenha a direcção efectiva das mesmas e as utilize no seu próprio interesse (artigo 509.º) e responsabilidade da entidade patronal por acidentes de trabalho ou doenças profissionais (artigos 156.º, 5, 158.º e 162.º, 1, b) da Lei n.º 8/98, de 20 de Julho, Lei do Trabalho).

A culpa traduz, segundo uma orientação psicológica, um nexo de imputação de determinado acto ao agente. Vista numa perspectiva normativa, ela traduz o desvalor ou a reprovação que a ordem jurídica comina face a determinada conduta. A culpa é aferida em abstracto, tendo como bitola a conduta de um *bonus pater familias*, em face das circunstâncias de cada caso (artigo 487.º, 2 do CC).

---

[196] É comum fazer-se a distinção entre factos ilícitos praticados com dolo, designados por delitos, e ilícitos meramente culposos, a que se dá a designação de quase-delitos.

Contrariamente ao que sucede na responsabilidade contratual (artigo 799.º, 1 do CC), na responsabilidade aquiliana a culpa não se presume, segundo estabelece o artigo 487.º, 1[197], com as excepções previstas nos artigos 491.º, 492.º, 1, 493.º e 503.º, 3, todos do CC.

4. Outro pressuposto da responsabilidade civil é a existência de danos, isto é, uma ofensa injustificada a um bem juridicamente protegido, resultando daí em gravame material e/ou moral à pessoa, seja ela física ou jurídica[198].

Os danos podem ser patrimoniais, quando sejam susceptíveis de avaliação pecuniária, ou não patrimoniais (artigo 496.º do CC), tradicionalmente designados por danos morais, os que têm a ver com a lesão de bens estranhos ao património da pessoa lesada, nomeadamente a sua integridade física, a sua honra, reputação, bom nome e liberdade.

Numa já conhecida dicotomia, de entre os danos patrimoniais distinguem-se os danos emergentes (ou seja o prejuízo imediato sofrido) e os lucros cessantes (assim designadas as vantagens que deixaram de ingressar no património do lesado em consequência da lesão)[199].

Fala-se ainda em danos patrimoniais primários ou danos mera ou puramente patrimoniais, entendidos como aqueles que uma pessoa sofre sem que tenha existido prévia violação de um direito subjectivo ou interesse absolutamente protegido.

5. Note-se, por fim, que para que haja lugar a responsabilidade civil necessário se torna que haja um nexo de causalidade adequada entre o facto e o dano[200]. Há várias teorias sobre o

---

[197] Note-se que o princípio geral, em sede do ónus da prova, põe a cargo da pessoa lesada a demonstração da ocorrência do facto ilícito, em todas as suas dimensões, incluindo a culpa do lesante (artigo 342.º do CC).

[198] Contrariamente ao que sucede em sede do direito penal, quanto aos crimes formais, não basta que haja um facto ilícito culposo, é necessário que desse comportamento humano resulte um dano.

[199] V. artigo 564.º, 1 do CC. Sobre a noção e espécies de danos, cfr. ainda Almeida Costa, "Direito das Obrigações", 7.ª edição, págs. 514 e ss, Antunes Varela, "Das Obrigações em geral", vol. I, 6.ª edição, pág. 568, Inocêncio Galvão Telles, "Direito das Obrigações", 6.ª edição, pág. 371, e Carlos Alberto da Mota Pinto, "Teoria Geral do Direito Civil", 3.ª edição, pág. 443.

[200] Há várias teorias sobre o nexo de causalidade. O legislador acolheu, no artigo 563.º do CC, a teoria da causalidade adequada.

nexo de causalidade, que seria ocioso trazê-las a este espaço. O legislador acolheu, no artigo 563.º do CC, a teoria da causalidade adequada.

7.1.5.3. *Sobre a eventual ressarcibilidade de danos puramente patrimoniais – alcance da primeira parte do artigo 483.º, 1 do CC*

Vistos os pressupostos da responsabilidade civil extracontratual, a questão de que nos ocuparemos de seguida é a de saber se a concessão de crédito pode, em certas circunstâncias, gerar o dever de indemnizar, nos termos previstos na 1.ª parte do n.º 1 do artigo 483.º do CC, isto é, envolver a violação de direitos subjectivos.

A resposta é necessariamente negativa, porquanto os prejuízos sofridos pelos credores da empresa beneficiária do crédito bancário são puramente patrimoniais: produzem-se directamente no património enquanto tal, não resultando da violação de direitos absolutos[201/202]. São danos que, embora tenham repercussão na situação global do lesado, não resultam da agressão dum direito ou de bens jurídicos concretos, objecto de uma tutela legal específica, como, v.gr. os direitos reais, a vida e os direitos de personalidade. Justamente por não serem facilmente reconhecíveis pela generalidade das pessoas do

---

[201] A expressão "direitos absolutos" designa aqueles que se podem fazer valer "erga omnes", isto é, que produzem efeitos contra quaisquer sujeitos e não só contra o devedor, v. gr. os direitos reais e os direitos de personalidade. Advirta-se que, de acordo com a lição de Menezes Cordeiro, "Direito da Obrigações", vol. 1, pág. 282, os direitos de crédito [também] podem ser, estruturalmente, absolutos ou relativos; são oponíveis *erga omnes*, salvas excepções derivadas da boa fé, e a sua violação dá lugar, mesmo face a terceiros, ao dever de indemnizar, dentro das regras e limites da responsabilidade civil. Na sua obra "Da boa fé…" veio mesmo a afirmar que o artigo 483.º, 1 *garante, sem distinções, a protecção aquiliana a todos os direitos subjectivos, com inclusão dos créditos*" (pág. 647). A posição de que o direito de crédito é relativo e oponível a terceiros é também vincada por E. Santos Júnior, "Da responsabilidade civil de terceiro por lesão do direito de crédito", Almedina, Abril, 2003, pág. 581, assunto que retomaremos infra, ponto 8.6.5. do sumário.

[202] Sobre a noção de danos pura ou primariamente patrimoniais, cfr. Sinde Monteiro, "Responsabilidade por conselhos…", pág. 24, Menezes Cordeiro, "Da boa fé…", pág. 328, Carneiro da Frada, "Teoria da Confiança…", pág. 238, e Menezes Leitão, "Direito das Obrigações", vol. I, pág. 276.

ponto de vista da sua existência, conteúdo e contornos[203], os interesses puramente patrimoniais não beneficiam dessa tutela *erga omnes*. Logo, situam-se fora do quadro de protecção do artigo 483.º, 1, 1.ª parte do CC[204/205].

Fora dos casos de abuso do direito, os interesses puramente patrimoniais não encontram tutela indemnizatória. Com efeito, no abuso do direito, não está em causa a violação de um direito absoluto, mas a de um dever de conduta honesta, cuja sanção deve ser encontrada fora do âmbito de protecção da 1.ª parte do n.º 1 do artigo 483.º do CC. Neste sentido, pronuncia-se Margarida Maria Azevedo de Almeida[206], que advoga que "... *atendendo ao facto de a responsabilidade extracontratual ter em vista regular as relações gerais entre os cidadãos, representaria um limite intolerável à liberdade de acção que alguém pudesse ser responsabilizado pela violação de posições que não fosse possível conhecer o conteúdo.*" E acrescenta: "*É esta, pelo menos, uma das razões para a atitude em princípio desfavorável quanto à ressarcibilidade dos danos puramente patrimoniais*". Igual posição é defendida por Eva Frades de la Fuente[207], ao afirmar que "*La incertidumbre acerca de la extensión y*

---

[203] Falta-lhes o que comummente se designa por "notoriedade social". Vale aqui citar as palavras de Helmut Koziol, "Oesterreichisches Haftpflichtrecht, Band II", *apud* Sinde Monteiro, op. cit., pág 191: "*Como os interesses puramente patrimoniais alheios não gozam de notoriedade e mesmo só com dificuldade são delimitáveis, uma protecção extensa do património limitaria a liberdade de acção de todos os outros duma maneira insuportável.*" No mesmo sentido, pronuncia-se Sinde Monteiro, "Responsabilidade por conselhos...", pág. 175: "*Os bens jurídicos gerais pessoa e património são demasiado extensos para que toda e qualquer ingerência ou ataque possa dar lugar a uma obrigação de indemnizar*".

[204] Cfr. Diogo Leite de Campos, "A responsabilidade do banqueiro...", págs. 50-51, que defende que a concessão de crédito a uma empresa numa situação financeira muito difícil, ou aparentemente sem saída, ainda assim não atinge a substância do crédito que os credores dessa empresa têm, nem sequer representa uma violação de uma norma legal destinada a proteger interesses destes.

[205] Esta posição é igualmente sufragada por Sinde Monteiro, para quem a causação de danos patrimoniais primários ou puros (fora dos quadros de uma relação especial) não é, em princípio, reprovada à luz das disposições do CC (isto é, não são delitualmente ressarcíveis), excepto quando haja uma disposição legal de protecção ou uma actuação envolvendo abuso do direito

[206] In "A responsabilidade civil...", pág. 49.

[207] "La responsabilidad ...", págs. 158-159.

límites de la responsabilidad por este tipo de danos [danos puramente económicos], puede ocasionar um efecto disuasório de actividades socialmente beneficiosas, que podrían dejar de realizarse si se estableciera um deber general de cuidado respecto de intereses de este tipo. Por eso – adianta a Autora – una norma que excluya [exclusionary rule] la possibilidad de obtener un resarcimiento extracontratual de estes danos prodicirá la ventaja práctica de promover la certeza legal y comercial, además, de evitar una excesiva proliferacion de litígios."

No domínio do direito alemão da responsabilidade extracontratual, também a lesão de um interesse puramente patrimonial só acarreta, em regra, um dever de indemnizar quando o agente actue dolosamente ou se essa lesão envolver a violação de uma norma que visa proteger esse interesse patrimonial[208].

Do que vimos dizendo retém-se que, sendo os prejuízos causados pelo banqueiro aos credores da empresa beneficiária do crédito puramente patrimoniais, na medida em que não existe uma disposição legal que os proteja, tais danos não são ressarcíveis nos termos do artigo 483.º, 1, 1.ª parte do CC, que, como referimos, tem em vista, em nosso entender, a tutela de direitos absolutos.

Contudo, como melhor se explicitará em lugar próprio, os interesses puramente patrimoniais podem ser tutelados, em determinadas circunstâncias, quer através do recurso à figura do abuso do direito, quer por via de normas de protecção, e ainda nas situações em que entre o agente e o lesado haja uma relação especial que justifique a existência desse tipo de normas.

---

[208] Cfr. Hans-Joachin Musielak, "A inserção de terceiros no domínio de protecção de contratual", in "Contratos: actualidade e evolução – Actas do Congresso Internacional organizado pelo Centro Regional do Porto da Universidade Católica Portuguesa de 28 a 30 de Novembro de 1991 – Coordenação do Prof. Doutor António Pinto Monteiro", Porto, 1997, pág. 288.

7.1.5.4. *Sobre a responsabilidade civil decorrente da violação de normas de protecção (artigo 483.º, 1, 2.ª parte do CC)*

Depois de nos termos debruçado sobre o alcance da 1.ª parte do artigo 483.º, 1 do CC e de termos concluído, como princípio, pela não ressarcibilidade dos danos puramente patrimoniais, como é o caso dos que resultam para os demais credores em face de concessão *abusiva* de crédito, cabe agora indagar em que medida a actividade creditícia poderá constituir um factor gerador de responsabilidade civil, por violação de normas de protecção, nos termos do artigo 483.º, 1, 2.ª parte do CC. Trata-se, portanto, de averiguar se haverá no ordenamento interno normas que permitam a imputação de responsabilidade civil aquiliana às instituições de crédito por prejuízos causados a terceiros pela concessão, manutenção, recusa ou corte de crédito, isto é, preceitos legais que protejam os interesses dos credores da empresa financiada. Estamo-nos a referir, pois, a normas que, embora dirigidas à tutela de interesses particulares, não lhes atribuam, direitos subjectivos.

Na doutrina portuguesa, as opiniões divergem quanto à natureza jurídica das disposições dos artigos 73.º a 76.º do RGIC, que instituem os deveres gerais da actividade das instituições de crédito e sociedades financeiras. Com efeito, para Menezes Cordeiro, esses deveres não são normas de conduta, mas "meras normas programáticas e de enquadramento", que carecem de ser completadas *"por outras regras, de natureza legal ou contratual, de modo a dar azo a verdadeiros direitos subjectivos ou, de todo o modo, a regras precisas de conduta, susceptíveis de, quando violadas, induzirem responsabilidade bancária."*[209] Por seu turno, Margarida Maria Matos Correia Azevedo de Almeida, orienta-se no mesmo sentido, ao afirmar: *"Pensamos que a vaguidade destes preceitos parece aconselhar a que não se reconheça a possibilidade de com base neles nascerem direitos à indemnização"*[210].

Posição diametralmente oposta a esta é sustentada por Augusto de Athayde e Duarte Athayde: *"Afigura-se-nos que os artigos que acabamos de apreciar* [artigos 73.º a 76.º] *impõem aos seus destina-*

---

[209] Cfr. "Manual...", pág. 337.
[210] "A responsabilidade civil do banqueiro...", pág. 137.

tários verdadeiras obrigações, não sendo, apenas, meras regras programáticas." E acrescentam os Autores: "*A natureza relativamente vaga dos conceitos que usam levará, caso por caso, a problemas de interpretação, designadamente perante a subsunção de factos nas hipóteses que contêm. Mas, salvo melhor opinião em contrário, tal não parece suficiente, para, em princípio, lhes retirar a capacidade para constituir obrigações na esfera jurídica do destinatário. Deixar a constituição dessas obrigações dependente de normas de aplicação poderia, em nosso entender, diminuir substancialmente o peso e a relevância das disposições em apreço e atingir o próprio espírito com que a lei as formula*"[211].

Este é o ponto de vista perfilhado por Manuel Veiga de Faria, para quem o incumprimento das referidas normas do RGIC pode constituir factor gerador de responsabilidade civil do banqueiro[212].

Mais recentemente, Menezes Leitão veio juntar-se àquelas vozes ao considerar que a circunstância de essas normas [artigos 73.º a 76.º] poderem ser concretizáveis em disposições mais específicas, conforme a previsão do artigo 77.º do RGIC, não obsta ao seu "*cariz vinculativo imediato para o banqueiro, e a possibilidade da sua responsabilização em caso de desrespeito.*"[213]

Ainda na doutrina portuguesa, cabe citar António Saraiva Matias, que é peremptório ao afirmar: "*Deste modo, em qualquer dos casos anteriormente referidos a violação das Regras de Conduta do REGICSF, integrando um ilícito, pode constituir o infractor (pessoa singular ou pessoa colectiva) em responsabilidade civil, devendo responder pelos prejuízos que causar em conformidade com o disposto sobre responsabilidade por actos ilícitos, nos artigos 483.º e seguintes do Código Civil*"[214]

Entre nós, a LICSF contempla disposições da mesma índole (artigos 42.º a 47.º) e é óbvio que seja de igual modo controvertida a natureza das mesmas. O terreno é reconhecidamente resvaladiço.

---

[211] "Curso de Direito Bancário", Vol.I, Coimbra Editora, 1999

[212] "Algumas questões…", pág. 63.

[213] "Informação bancária e responsabilidade", pág. 229, nota de pé-de-página n.º 7.

[214] "Normas e Códigos de Conduta", in "Direito Bancário, Actas do Congresso Comemorativo do 150.º aniversário do Banco de Portugal – 22-25 de Outubro de 1996", Revista da Faculdade de Direito da Universidade de Lisboa, Coimbra Editora, 1997, pág. 154.

Propendemos, porém, a admitir o carácter vinculativo imediato dessas disposições para as instituições de crédito e sociedades financeiras que actuam no sistema financeiro moçambicano. Assumimo-las como verdadeiras obrigações, no sentido de do seu incumprimento resultar responsabilidade bancária. Este raciocínio parece-nos harmonizar-se com o espírito subjacente à sua formulação, a que mandam atender as regras de interpretação consignadas no artigo 9.°, 1 do CC. O legislador parece ter assumido que as citadas normas são suficientemente precisas, pois exclui-as do quadro das matérias que constam da regulamentação da lei, quer através do já revogado Decreto 11/2001, de 20 de Março, quer do Decreto 56/2004, de 10 de Dezembro.

Na verdade, a LICSF exige que as actividades das instituições de crédito e sociedades financeiras, aí incluída a concessão de crédito, sejam realizadas com competência e diligência de gestor prudente e consciencioso, no interesse não só dos aforradores, investidores e outros credores como também da integridade do mercado[215/216].

Na hipótese de o banqueiro conceder financiamento a uma empresa de que conheça (ou deva conhecer) a inviabilidade da sua recuperação económica, faltando aos deveres ínsitos nas regras de conduta, parece legítimo, atenta a teleologia das mesmas, que responda pelos prejuízos a que der causa. A concessão indiscriminada de crédito, sem observância dos princípios da boa técnica bancária e das normas prudenciais impostas legalmente ao banco, na medida em que se mostre prejudicial aos aforradores, credores e demais investidores, é susceptível de constituir fonte de responsabilidade civil dos bancos em face destes.

---

[215] A violação das regras da boa gestão pode conduzir à tomada de providências de saneamento, cuja finalidade ultrapassa os interesses exclusivos das instituições de crédito e sociedades financeiras. Está em causa a tutela dos interesses dos depositantes, investidores e demais credores e bem assim, no fundo, da economia em geral. Cfr. os artigos 81.°, 1 e 104.° da LICSF.

[216] A Lei não define o que se deva entender por "gestão ruinosa", nem razoavelmente se poderia esperar que o fizesse. Trata-se, com efeito, de um conceito indeterminado e, nessa medida, carecido de concretização. Competirá ao intérprete-aplicador, perante casos concretos, o exercício de qualificação, isto é de verificar se determinada realidade se subsume àquele conceito. Quer-nos parecer que a concessão indiscriminada de crédito é enquadrável no conceito indeterminado de gestão ruinosa.

Enfim, a actividade de concessão de crédito é regida por um conjunto de deveres de comportamento, que consubstanciam verdadeiras obrigações legais, estabelecidos pela LICSF e, igualmente, por normas injuntivas da autoridade que vigia a actividade bancária (o Banco Central), tendo em vista assegurar que o crédito seja concedido a sujeitos com solvabilidade e que, portanto, não se transaccione em operações puramente danosas, em prejuízo das próprias instituições, dos depositantes, dos investidores e da economia em geral. Contudo, não achámos evidências de que tais normas de conduta tenham em vista tutelar directamente os interesses dos credores da empresa beneficiária do crédito bancário.

Fiéis a este ponto de vista, entendemos que os fundamentos da responsabilidade bancária em face dos credores da empresa beneficiária do financiamento bancário hão-de ser procurados noutras fontes, designadamente na figura do abuso do direito, nos termos de que a seguir nos ocupamos.

7.1.5.5. *Concessão de crédito e abuso do direito*

A conduta do banqueiro no domínio da actividade creditícia pode ser examinada e valorada ainda a estoutra luz: a do abuso do direito[217]. Além das duas variantes de ilicitude já referidas, previstas no artigo 483.º, 1 do CC, há, pois, que considerar esta terceira modalidade, com base jurídico-positiva no artigo 334.º, que estatui:

> "*É ilegítimo o exercício de um direito, quando o titular exceda manifestamente os limites impostos pela boa fé, pelos bons costumes ou pelo fim social ou económico desse direito*"[218].

---

[217] No Acórdão de 14 de Novembro de 1991 do STJ um dos pontos discutidos foi o da conexão entre a recusa de crédito e o abuso do direito.

[218] De entre os códigos que de forma expressa prevêem o instituto do abuso do direito, cabe citar o Código português de 1967, o suíço de 1907, o alemão de 1900, os polacos de 1934 e 1964, os peruanos de 1936 e 1984, o venezuelano de 1942, com a reforma de 1982, o argentino de 1869, o espanhol de 1889, com a modificação introduzida em 1974, o boliviano de 1976 e o paraguaio de 1987. O texto da lei portuguesa terá sido o primeiro a estabelecer explicitamente a ilegitimidade do abuso do direito. Cfr., neste sentido Carlos Fernández Sessarego, "Abuso del derecho", Prólogo de Guilhermo A. Borda, Editoria Astrea, Buenos Aires, 1992, pág. 244. Segundo este Autor, pág. 245, o Código

Resulta claro do texto deste preceito legal que o abuso do direito não se traduz na violação de um direito de outrem ou da ofensa de uma norma tuteladora de um interesse alheio, mas no exercício anormal do próprio direito. Dito doutro modo: o dever de indemnizar com fundamento no abuso do direito não pressupõe a existência de um direito subjectivo nem de um interesse legalmente protegido. Na base desta figura, está a consideração de que um comportamento contrário à boa fé e aos bons costumes merece a censura da ordem jurídica, ainda que seja configurável como exercício de um direito[219]. A lei pretende controlar ou modelar o poder, em ordem a que o exercício do direito subjectivo, a liberdade contratual ou outra posição jurídica se contenham nos limites traçados pelo fim (social ou económico) para o qual foi atribuído.

A principal dificuldade com que o intérprete e o aplicador da norma deparam consiste em que o legislador, no recorte da figura de que nos ocupamos, se serviu de conceitos indeterminados, carecidos, por isso, de concretização: desde logo, o conceito de excesso manifesto, o de boa fé, além da noção controvertida de bons costumes. Aliás, o recurso a cláusulas gerais constitui uma prática conhecida no mundo do Direito constituído, que tem a virtualidade de conceder ao intérprete-aplicador da norma um maior "espaço de manobra" na subsunção dos factos à previsão normativa – trata-se, com efeito, dum exercício de atribuição de conteúdo caso a caso.

Neste ponto da nossa reflexão, uma pergunta impõe-se: quando é que poderá dizer-se que a concessão, a recusa ou corte de crédito consubstanciam um abuso de crédito?

Como ficou referido acima, numa interpretação extensiva, o abuso do direito pode configurar a actuação do agente no quadro do exercício do direito subjectivo ou no âmbito da liberdade contratual

---

Civil Peruano de 1936 *"fue el primero en el mundo que utilizo, directa y categoricamente, la expresión «abuso del derecho»*. Em Espanha, somente em 1974, com a reforma do Título Preliminar do Código Civil de 1889, foi incorporada no direito positivo uma norma genérica condenando o abuso do direito, se bem que existissem normas concretas contra o abuso referentes a institutos como, v. gr., os arrendamentos urbanos.

[219] Com Carlos Fernández Sessarego, "Abuso del derecho", Editorial Astrea, de Alfredo y Ricardo Depalma, Lavalle 1208, 1048-Buenos, 1992, pág. 3, "o abuso do direito representa, na actualidade, um instituto indispensável para a convivência humana, de suma importância para a edificar uma sociedade mais justa, solidária e segura."

ou de outras posições jurídicas. Da circunstância de o artigo 334.º do CC não exigir dolo de lesão, extrai-se que o dever de indemnizar pode resultar da causação de danos por negligência grave[220]. Com efeito, a lei adopta uma concepção objectiva: não exige que haja por banda do agente o *animus* ou mesmo a consciência de exceder, com a sua actuação, os limites impostos pela boa fé, bons costumes ou pelo fim social ou económico do direito. Estamos, pois, perante um instituto puramente objectivo. O que releva é que haja um excesso manifesto. O que importa é que, objectivamente, haja uma violação do "mínimo ético jurídico", das regras morais de conduta generalizadamente reconhecidas, quer consista no exercício de um direito, quer não[221].

Quanto às consequências do abuso do direito, a lei não as enuncia, mas constitui facto assente que pode dar lugar à obrigação de indemnizar, verificados os respectivos pressupostos, à nulidade, nos termos gerais do artigo 294.º do CC, à legitimidade de oposição e ao alargamento dos prazos de prescrição e de caducidade.

Resulta do que vimos dizendo que para que o banqueiro seja responsabilizado por concessão abusiva de crédito é necessário que a sua conduta tenha extravasado os limites contra a consciência social dominante; o seu comportamento deverá ser particularmente grave, independentemente da intenção.

Outra questão que se discute é saber se se poderá considerar que a conduta do banqueiro que concede crédito a uma empresa economicamente comprometida coopera, por essa via, com o devedor na lesão do direito de crédito dos demais credores deste. Ou será a relação obrigacional um círculo fechado imune à intervenção de terceiros a ela estranhos? À volta deste assunto concentramo-nos a seguir.

---

[220] Cfr, nesse sentido, Carneiro da Frada, "Teoria da Confiança", págs. 164-165, nota de pé-de-página n.º 121, e Sinde Monteiro, "Responsabilidade por conselhos...", pág. 181. A lei exige que a ultrapassagem dos limites impostos pela boa fé e pelos bons costumes seja manifesta. Não há, porém, neste caso, lugar a responsabilidade objectiva, a qual tem, como se sabe, contornos bem definidos no artigo 483.º, 2).

[221] Neste sentido, também Heinrich Ewald Horster, "A Parte Geral do Código Civil Português – Teoria Geral do Direito Civil", Almedina, 2000, págs. 281 e ss.

7.1.5.6. *Responsabilidade bancária e eficácia externa das obrigações*

De acordo com o princípio estabelecido no artigo 406.º, 2 do CC, em relação a terceiros o contrato só produz efeitos nos casos e termos especialmente previstos na lei[222]. Trata-se aqui da consagração da regra de que os direitos e deveres decorrentes dos contratos somente beneficiam ou adstringem as partes: não é lícito às partes impor a terceiros efeitos dum contrato de que são estranhos, salvo nos casos em que a lei o consinta. Esta norma não está, todavia, em contradição com o princípio geral segundo o qual todas as pessoas devem reconhecer a eficácia dos contratos entre as partes[223]. A questão que se levanta é a da admissibilidade da responsabilidade civil do "terceiro cúmplice", ou seja: havendo incumprimento das obrigações contratuais, será ao credor lícito imputar tal responsabilidade a um terceiro, além do devedor, que haja celebrado com este um contrato incompatível com o primeiro? Do que se trata aqui é, pois, saber se para lá do efeito interno (no contexto da relação jurídica que se estabelece entre o credor e o devedor), se reconhece um efeito externo, que se traduz na imposição a terceiros do dever de respeitar o direito do credor.

Repare-se que enquanto a responsabilidade do devedor é equacionada no domínio da relação contratual, face à violação das obrigações a que se tenha vinculado (artigo 798.º do CC) – vertente interna do direito de crédito –, a ilicitude da conduta de terceiro decorrerá da violação do direito de crédito visto na sua vertente externa. Trata-se, com efeito, de responsabilidade aquiliana[224].

É comum distinguir-se duas situações em que a intervenção de terceiro pode ser fonte de responsabilidade civil: cooperação na violação dum direito de crédito, celebrando um contrato incompatível

---

[222] Como sucede nos contratos a favor de terceiros.

[223] De acordo com a doutrina tradicional, no caso de o devedor não cumprir a obrigação a que se acha adstrito, por culpa de terceiro, este incorre em responsabilidade aquiliana para com o devedor e não já perante o credor.

[224] No direito italiano, a reacção contra uma interpretação reducionista do artigo 2043.º (homólogo do nosso artigo 483.º do CC) remonta aos anos 60. Sobre este assunto, Alberto Luís, "O problema da responsabilidade civil dos bancos por prejuízos que causem a direitos de crédito", ROA, n.º 59, Dezembro de 1999, págs. 889 e ss.

com o primeiro de que o devedor é parte, e a prática de acto ilícito contra o devedor, impedindo-o de cumprir com as obrigações contratuais.

A imputação da responsabilidade de terceiro por lesão do direito de crédito pressupõe que a sua actuação seja ilícita e culposa e, naturalmente, que haja um nexo de causalidade adequada entre esse comportamento e o prejuízo. A concretização do dever de respeito dependerá do conhecimento ou cognoscibilidade do crédito por parte de terceiros.

Está, por isso, fora de qualquer critério de razoabilidade exigir às pessoas que antes de contratarem com outrem procedam a investigações com vista a apurarem se a contraparte não terá previamente celebrado um contrato incompatível com o negócio jurídico que pretendam celebrar, sob pena de se atentar contra a liberdade contratual e fluidez do tráfico jurídico-negocial. Somente haverá responsabilidade civil aquiliana quando ao celebrar o contrato o agente tenha conhecimento dessa incompatibilidade ou não tenha usado de mediana diligência para se aperceber da existência dum contrato anterior incompatível.

Está-se notoriamente numa zona de penumbra entre, por um lado, a tutela dos direitos de crédito, e, por outro, a liberdade contratual e a necessidade de garantir a fluidez e a segurança dos negócios jurídicos.

Do exposto, conclui-se que somente em determinados condicionalismos é que a violação do direito de crédito por terceiro pode acarretar responsabilidade civil. Com efeito, enquanto os direitos subjectivos, tutelados à luz da primeira parte do artigo 483.º, 1 do CC, se impõem *erga omnes*, daí que a sua existência, conteúdo e contornos devam ser facilmente reconhecíveis em face da generalidade das pessoas, o direito de crédito não terá em princípio a mesma projecção externa.

Depreende-se igualmente do que ficou dito que a liberdade contratual e a circunstância de que, em geral, a contratação não se compadece com aprofundadas averiguações prévias conduzem a que somente em casos de grave negligência o terceiro se constitua em responsabilidade civil pela violação do direito de crédito.

Descendo ao que mais especificamente nos interessa, o que neste domínio se discute é saber se o banqueiro que decide conceder crédito a uma empresa economicamente comprometida, pondo em risco o cumprimento das obrigações por esta contratualmente assumidas, tinha ou não dever de agir diferentemente.

Entendemos que, numa formulação ampla da problemática da eficácia reflexa ou efeito externo das obrigações, é de se considerar responsável pelos danos que causar o terceiro que, não impedindo, porém, a realização da prestação por parte do devedor, prejudica o exercício do direito de crédito do credor. É nestes termos que pode ser equacionada a questão da responsabilidade civil aquiliana do banqueiro pela concessão *abusiva* de crédito. Assim, a instituição de crédito que financia uma empresa em situação económica comprometida, conhecendo ou devendo conhecer esse estado, pode ser responsabilizada pelos danos que cause aos credores desta, na medida em que com a sua conduta contribua para o incumprimento da prestação debitória. A responsabilidade do banqueiro decorre, neste caso, do princípio do abuso do direito.[225]

Feita esta indagação sobre a responsabilidade civil do banqueiro quando, com dolo ou negligência grave, concorra para o incumprimento ou cumprimento defeituoso das obrigações contraídas pelo seu cliente junto de terceiros, ocupamo-nos nas páginas que se seguem da reflexão sobre a responsabilidade bancária pela não concessão de crédito.

---

[225] Seguimos aqui de perto a linha de raciocínio de Ferrer Correia, "Da responsabilidade do terceiro que coopera com o devedor na violação de um pacto de preferência" – artigo publicado na separata da RLJ n.ºs 3308 e 3309, págs. 355 e ss, Lisboa, 1966. Para o autor, a responsabilidade do terceiro que coopera com o devedor na violação do pacto de preferência deverá reconhecer-se "pelo só facto de o terceiro ter contratado conhecendo a obrigação, que impendia sobre a contraparte, de dar preferência a outra pessoa." E acrescenta: "Tal responsabilidade decorre, em nosso modo de ver, do princípio do *abuso do direito*" (pág. 17).

8. RESPONSABILIDADE BANCÁRIA PELA NÃO CON-CESSÃO DE CRÉDITO – EVENTUAL DEVER DE CONCEDER OU DE MANTER CRÉDITO

8.1. A concessão de crédito como expressão da liberdade contratual

Neste contexto, o que discutimos é se o banqueiro tem ou não o dever de conceder crédito e, daí, se responde pela recusa de crédito. Se determinada empresa recorre ao banqueiro porque está em situação difícil, carecendo de crédito para a sua sobrevivência e este lhe é recusado, pergunta-se se desse facto se poderá imputar ao banqueiro alguma responsabilidade face à falência que se verificou e aos prejuízos que terão resultado para os demais credores.

A questão que se coloca está intimamente relacionada com a de saber se haverá um direito ao crédito, ou seja, à obtenção, pelos particulares e pelas empresas, de crédito junto das instituições de crédito.

Sendo as instituições de crédito empresas económicas que operam em regime de livre concorrência ou de livre iniciativa económica e desenvolvem a sua actividade através de instrumentos contratuais de direito privado, é-lhes aplicável o princípio da liberdade de celebração dos contratos, expressão mais relevante do princípio da autonomia privada consagrado no artigo 405.º do CC[226], com este duplo alcance:

a) a nenhuma pessoa podem ser impostos contratos contra a sua vontade, ou aplicadas sanções pela recusa de contratar; e

---

[226] Sobre o princípio da liberdade contratual, conteúdo e restrições, cfr., entre outros autores, Luís Manuel Teles de Menezes Leitão, "Direito da Obrigações", Vol.I págs. 23 a 28, Menezes Cordeiro, "O Contrato Bancário Geral", págs. 17-18, e "Direito das Obrigações", vol. I, págs. 93 e ss e Pedro Pais Vasconcelos, "Mandato Bancário", in "Estudos em Homenagem ao Professor Inocêncio Galvão Telles", vol. II, pag. 140.

b) ninguém pode ser impedido de contratar, ou sofrer sanções em virtude de ter contratado.

Transpondo este princípio para o domínio de que nos ocupamos:

a) as pessoas que careçam de crédito gozam da liberdade de recorrer aos bancos que lhes aprouver; e

b) os bancos, por seu turno, são livres de conceder ou não o financiamento que lhes seja solicitado[227].

Tal como os demais sujeitos jurídicos, as instituições de crédito são livres de negociar ou não[228]. Não poderia ser doutra forma: elas assumem riscos inerentes às operações de concessão de crédito e não seria lícito obrigá-las a assumir tais riscos[229].

Contudo, a regra da liberdade de contratar conhece excepções decorrentes, quer de heterolimitação legal quer mesmo de autolimitação das partes. Com efeito, no âmbito da actividade creditícia, poderá haver obrigação de conceder crédito nas situações em que exista, nesse sentido, uma disposição específica – legal ou contratual[230/231].

---

[227] O arbítrio dos bancos na actividade creditícia conhece, porém, limites em termos que foram desenvolvidos *supra* ponto 7.1.5.3 do sumário.

[228] A este propósito, quanto à abertura de conta, Alberto Luís, "O Direito à Conta", in "Direito Bancário. Temas Críticos e Legislação Conexa", Livraria Almedina, Coimbra, 1995, pág. 67, é peremptório: *"De facto, os bancos são livres de recusar a abertura de uma conta. Não o farão por capricho, nem com a intenção de prejudicar o cliente, ou dando publicidade do facto – hipótese em que eventualmente haveria falta do banco, independentemente da recusa"*. O raciocínio ajusta-se à recusa de concessão de crédito: há-de ser, necessariamente, fundamentada.

[229] Com Michel Vasseur: *"Le contrat de crédit, quelle que soit la forme que revêt ce crédit, est conclu intuitu personae par excellence, et le banquier, que court le risque du crédit, doit demeurer libré de sa décision"* (Droit et Économie Bancaires – Paris: Les Cours de Droit, 1976/77, Vol. I, pág. 211).

[230] Assim sucederá, v.gr., no âmbito dos chamados contratos de viabilização (no direito português) quando a instituição de crédito se tenha comprometido com determinado esquema destinado a promover a viabilidade de uma empresa, prevendo, nomeadamente, a concessão de crédito. O objectivo fundamental dos contratos de viabilização era a prestação de apoio financeiro excepcional com o fito de restabelecer o equilíbrio financeiro das empresas e a sua normal rentabilidade. Neste tipo de situações, o interesse económico geral legitima a imposição de riscos excepcionais. Ainda assim, não se impunha propriamente um dever de contratar. O quadro legal que acomodava os contratos de viabilização foi criado pelo Decreto-Lei n.º 127/77, de 1 de Abril, revisto pelo Decreto-Lei n.º 112/83, de 22 de Fevereiro. Quanto a este tipo de contratos, cfr. Alberto Luís, "Ainda os contratos de

Não havendo disposição que o imponha, o banco goza de autonomia de decisão de celebração ou não de contrato de crédito. Haverá o dever contratual de conceder crédito quando exista um compromisso anterior assumido pelo banqueiro, como sucede, *v.gr.*, com a abertura de crédito.

Há, com efeito, hipóteses em que a recusa de conceder crédito é susceptível de gerar responsabilidade civil: uma é a da responsabilidade pré-contratual, nas situações em que as negociações entre o banqueiro e o potencial cliente com vista à concessão de crédito são conduzidas de tal forma que criam neste último uma convicção séria e real de vir a obter os financiamentos solicitados e, no entanto, o crédito é-lhe, injustificadamente, recusado ou é-lhe concedido em condições significativamente mais desvantajosas do que as que razoavelmente seriam de esperar face às negociações preliminares. Nestas circunstâncias, o banqueiro será responsabilizado por *culpa in contraendo*, nos termos do artigo 227.º, 1 do CC. Outra hipótese, porventura a mais significativa, é aquela em que o banqueiro inopinadamente revoga uma relação de crédito existente,[232] recusando desembolsar fundos ulteriores e impondo ao cliente a liquidação da dívida acumulada até àquele momento.

Advirta-se, no entanto, que o contrato de crédito, à semelhança da generalidade dos contratos, não é perpétuo. Tratando-se de um contrato caracteristicamente duradoiro, a solução quanto à eventual responsabilidade do banco pelo corte ou recusa de crédito há-de ser encontrada no quadro dos princípios gerais que enformam os negócios jurídicos duradoiros. Nessa conformidade, a relação creditícia poderá

---

viabilização", in "Temas de Direito Bancário...", págs. 169-175. Outro exemplo será o dos chamados "créditos diferidos", que consistem na concessão de financiamentos imobiliários subordinados a prévios depósitos dos interessados, ao longo de determinado período, findo o qual adquirem o direito ao crédito, correspondente ao montante depositado.

[231] Sobre o assunto, cfr. Menezes Cordeiro, "Concessão de Crédito...", in "Banca, Bolsa e Crédito", págs. 53-56, Manuel Veiga Faria, "Algumas questões em torno da responsabilidade civil dos bancos pela concessão ou recusa de crédito e por informações, conselhos e recomendações", págs. 60-63, e Almeno de Sá, "Responsabilidade...", pág. 123 e ss.

[232] Sobre esta matéria, v., no direito italiano, cfr, Franco Anelli, "La responsabilità risarcitoria delle banche...", págs. 138-139. Fala-se nesses casos em "ruptura brusca e inesperada", "corte abrupto", "ruptura brutal" e revogação "injusta e inopinada".

cessar a todo o tempo com fundamento em justa causa ou mediante aviso prévio[233].

De acordo com o disposto no artigo 432.º, 1 do CC, é admitida a resolução do contrato fundada na lei ou em convenção. Há lugar a resolução legal (assim designada aquela em que o direito é conferido por lei a uma das partes), nomeadamente nos casos de alteração anormal das circunstâncias que fundaram a decisão de contratar (artigos 437.º a 439.º) impossibilidade culposa de cumprimento da obrigação (artigo 801.º, 2) e impossibilidade parcial do cumprimento (artigo 802.º, 1)[234/235].

Quanto à revogação por convenção das partes, ela consiste em, no domínio da autonomia da vontade, as partes poderem prever no próprio contrato (ou em adenda) cláusula concedendo o direito à cessação deste por qualquer uma delas ou por ambas.

Tratando-se de contrato por tempo indeterminado, a sua cessação pode ocorrer através de denúncia, que consiste numa declaração de uma das partes à outra comunicando-lhe a intenção de extinguir a relação contratual. Contrariamente ao que sucede com a resolução, a denúncia não carece de ser fundamentada[236].

---

[233] Neste sentido, no direito francês, cfr. Michel Vasseur, "La responsabilite contractuelle..." pág. 400. A jurisprudência francesa tem-se orientado no sentido da dispensa de aviso prévio formal, nos casos em que o banco por diversas vezes haja alertado o cliente para a precariedade da situação dos seus negócios e para a necessidade de evitar o agravamento do passivo e de tomar as medidas necessárias ao seu saneamento.

[234] Se bem que este preceito preveja apenas a impossibilidade da prestação, entende-se estarem incluídas na sua *fattispecie* as situações de falta de cumprimento do contrato, quer por violação do dever principal, quer por inobservância dos deveres acessórios. De entre os múltiplos deveres acessórios, avultam os deveres de protecção. Quanto aos deveres de protecção, com Menezes Cordeiro, "Da boa fé...", pág. 604, "considera-se que as partes enquanto perdura um fenómeno contratual estão vinculadas a evitar que, no âmbito do fenómeno, sejam infligidos danos mútuos, nas suas pessoas ou nos seus patrimónios."

[235] Sobre as diversas tipificações de direitos acessórios, Menezes Cordeiro, "Da boa fé...", pág. 603, nota de pé-de-página n.º 269. Na terminologia de Mota Pinto, "Cessão da Posição Contratual", 1970, pág. 264, as designações "dever de conduta, de comportamento, de confiança, ou de protecção" compreendem os deveres de informação, de consideração e deferência, de custódia e conservação, de cuidado para com a pessoa, de colaboração com a contraparte para lhe evitar possíveis prejuízos.

[236] Sobre o assunto, cfr., entre outros autores, António Pinto Monteiro, "Denúncia de um contrato de concessão comercial", Coimbra Editora, 1998, págs. 17 e ss.

O corte de crédito constitui, assim, uma verdadeira possibilidade-rainha para o credor, com cobertura na lei geral. Porém, não havendo justa causa, o banqueiro indemnizará os lesados por violação da disposição do artigo 762.º, 2 do CC, que impõe o dever de agir de acordo com os ditames da boa fé, quer no cumprimento das obrigações, quer no exercício dos direitos.

No direito italiano[237], a responsabilidade do banco pela ruptura abrupta da relação de crédito pode ser aferida com base nas disposições dos artigos 1175.º e 1375.º do CC, que impõem às partes o dever de executar os contratos com correcção e boa fé. Com fundamento no dever de correcção, o Tribunal de Cassação tem afirmado a ilegitimidade do corte inopinado do crédito por «contrastar com a expectativa normal de quem, com base na conduta mantida pelo banco e na absoluta normalidade comercial da relação contratual, contava, de facto, dispor da provisão de crédito pelo tempo previsto.»[238]

No direito francês[239], reconhece-se igualmente que o corte abrupto de crédito é fonte de responsabilidade civil do banqueiro. Porém, para que tal responsabilidade se concretize é necessário provar-se que a ruptura da relação de crédito causou um prejuízo efectivo para a empresa e, em particular, que ela provocou o seu estrangulamento, conduzindo-a à falência. Na verdade, em se tratando de uma empresa irremediavelmente perdida, o corte de crédito não responsabiliza o banco, antes sendo a atitude esperada deste. O problema delicado está, no entanto, em saber-se quando é que se pode considerar que uma empresa se acha efectivamente perdida ou à beira desse estado.

No direito português, tem-se considerado que o corte de crédito que revista a forma de uma "ruptura abrupta" pode configurar, pela mediação da regra da boa fé, uma actuação abusiva.

---

[237] Franco Anelli , "La responsabilità...", pág. 139.

[238] Cass., 21 de Maio de 1997, n.º 4538, in "Banca, Borsa e tit. Cred", 1997, II, pág. 648.

[239] Michel Vasseur, "Droit et Économie Bancaires" – Paris: Les Cours de Droit, vol. I, 1976/1977"., pág. 401.

Resumindo e concluindo:

Na medida em que o Direito não consente a perpetuidade dos contratos, quanto aos celebrados por tempo indeterminado[240], permite-se a sua extinção, por via de denúncia, mecanismo que funciona *ad nutum*. Tratando-se de contratos por tempo determinado, além da sua cessação normal por via de caducidade, é legalmente permitida a sua cessação, antes do prazo contratualmente ajustado, nos termos referidos.

Parece-nos líquido que o corte da relação creditícia feito de modo inopinado confere ao contraente lesado (o mutuário colhido de surpresa) o direito à indemnização pelos prejuízos causados.

O dever de aviso prévio de corte de crédito, ainda que não previsto no contrato, deriva da boa fé (artigo 762.º, 2 do CC), princípio de que, aliás, emerge um conjunto de deveres acessórios a cargo das partes.

As considerações acima quanto a um eventual dever de conceder crédito (ou, genericamente, um dever de contratar) estão relacionadas ainda com a posição que se assuma no que concerne à questão de saber se, com a actividade creditícia, os bancos realizam um serviço público ou praticam meros actos de comércio. Ponto que desenvolvemos de seguida.

8.2. Sobre a tese do serviço público bancário

Em Itália, os finais dos anos 60 do século XX foram marcados por uma grave crise económica, que determinou que os bancos fossem chamados a assumir o papel de reguladores do mercado e de distribuidores de recursos financeiros, com a finalidade de suprir as necessidades das empresas carentes.

Assistiu-se inclusivamente, já nos fins dos anos 70, a iniciativas legislativas tendentes à recuperação de empresas deficitárias por

---

[240] No caso dos contratos por tempo determinado, a lei prevê a sua cessação por via de uma declaração unilateral através da qual uma das partes extingue a relação contratual, com base num determinado fundamento – alteração das circunstâncias, incumprimento ou cumprimento defeituoso. A resolução configura um poder vinculado, uma vez que apenas existe quando atribuído por lei ou por convenção das partes.

meio da intervenção dos bancos. A tradicional finalidade da *procedura concursuale* – a liquidação do património da empresa insolvente – regulando a sua expulsão do mercado, cedia campo à difusão de instrumentos voltados para a tentativa de superação da crise (frequentemente usados por empresas em declínio e sem reais possibilidades de recuperar a eficiência), com vista a tutelar o interesse geral de conservação dos postos de trabalho[241]. Foi neste quadro que, v. gr., o Tribunal de Milão considerou, em 12 de Junho de 1979, que constituía obrigação do banco contribuir para um plano de recuperação de uma empresa, tendo, nessa perspectiva, ordenado a suspensão dos pagamentos das prestações de um mútuo concedido a essa empresa «a salvar».

O papel do banco era, assim, encarado como de «serviço público». Efectivamente, a maioria das instituições de crédito mais importantes era constituída por entes públicos ou por sociedades de direito privado controladas pelo Estado.

Ainda assim, era notória a preocupação de muitos estudiosos em reivindicar a recuperação da função empresarial dos bancos, ou seja o seu direito (e dever) de conceder crédito a empresas viáveis, de confiança, não se devendo impor-lhes a distribuição de financiamentos numa perspectiva orientada para a finalidade de *salvar* as empresas, mesmo que insolventes.[242]

Com a nacionalização da banca portuguesa em 1975[243], discutia-se se a actividade bancária poderia assimilar-se a um serviço público e se haveria uma responsabilidade pública dos bancos pela concessão de crédito, tendo em conta a relevância económica e social dessa actividade.

---

[241] Franco Anelli, "La responsabilità...", pág. 146.

[242] É, a este propósito, conclusiva a posição de Giancarlo Lo Cuocuo: não obstante o ordenamento jurídico italiano reconhecer a função de utilidade pública da actividade creditícia, o financiamento a empreendimentos insolventes não se enquadra nesse âmbito – in "Responsabilità della banca...", pág. 215.

[243] Cfr. Alberto Luís, "O direito à conta", in "Direito Bancário, Temas Críticos e Legislação Conexa", Livraria Almedina, Coimbra, 1985, págs 1 e 21. Portugal foi o primeiro país da Europa ocidental a nacionalizar todos os bancos. A nacionalização envolveu a alteração da forma societária que estruturava os bancos, conferindo-lhes a natureza jurídica de pessoas colectivas de direito público.

O tema despertou o interesse de vários cultores do Direito em Portugal, como a seguir, a título meramente exemplificativo, ilustramos.

Segundo Menezes Cordeiro[244], a actividade bancária *"pauta-se por parâmetros de eficiência, de rendibilidade e de dinamismo, que não são, assumidamente, os que devem presidir aos serviços públicos"*[245]. O Autor assinala, porém, que *"Há, efectivamente, serviços públicos ligados ao dinheiro – como os que visam a concessão de subsídios – que não se confundem com os bancos e obedecem a regras diferentes"*.

No mesmo sentido, pronuncia-se Diogo P. Leite de Campos, ao afirmar que *"mesmo que os bancos pertençam ao Estado e estejam submetidos ao controlo e às directivas do Ministério das Finanças, este controlo não retira às relações, estabelecidas com os seus clientes, o carácter de actos de comércio, de actos de direito privado"*. Reconhece, todavia, que por causa do interesse público da sua actividade os bancos portugueses *"foram levados a correr riscos muito grandes no financiamento a empresas que conhecem, em geral, muito graves dificuldades e estão muito descapitalizadas"*[246].

Por seu turno, Simões Patrício é da opinião de que o crédito não constitui, no sistema jurídico-financeiro português, *"um serviço público propriamente dito, ao qual os particulares possam reclamar-se como autêntico direito (direito subjectivo, porventura de carácter público) de acesso ou utilização"*[247].

Idêntica orientação é seguida por Almeno de Sá, que defende que *"A banca não «actua», no quadro da economia de mercado, como «serviço público» de distribuição de crédito: as relações entre banqueiro e cliente regem-se basicamente pelo princípio da autonomia privada e não pela obediência a uma lógica publicística, capaz de impor, sem mais, obrigações de contratar"*[248].

---

[244] "Concessão de crédito...", pág. 10.

[245] No mesmo sentido, Diogo Freitas do Amaral, "Curso de Direito Administrativo", vol. I, Almedina, 2.ª edição, 7.ª reimpressão, 2003, pág. 385 e ss.

[246] Op. cit., pág. 53. Opondo-se à tese do serviço público bancário, pronuncia-se igualmente José Maria Pires, op. cit., págs. 74-75.

[247] "Recusa de crédito bancário", pág. 11.

[248] "Responsabilidade bancária", pág. 124.

Após a Independência de Moçambique, proclamada em 25 de Junho de 1975, a banca foi nacionalizada[249]. Em 1980, o Governo estabeleceu que a concessão de crédito, quer por parte da chamada banca estatal, quer pelas instituições privadas, deveria obedecer às prioridades do Plano Económico Nacional. Porém, nem por isso a actividade bancária se reconduzia a um serviço público, *stricto sensu*.

Em resumo e conclusão:

A resposta à questão de saber se as instituições de crédito podem ou não recusar conceder crédito é, em princípio, afirmativa. Com efeito, o crédito é, como nos referimos[250], um negócio baseado na fidúcia, isto é, na confiança que a pessoa ou as qualidades do mutuário inspirem perante o mutuante. Ao conceder crédito, a entidade financiadora assume os riscos de insolvência do devedor, não podendo, por conseguinte, ser impelida a correr tais riscos. Está-se no domínio da autonomia privada, não sendo, por isso, em princípio, lícito impor ao banqueiro a obrigação de contratar. Note-se, porém, como salientámos, que na sua decisão de conceder ou não conceder crédito, o banqueiro há-de conformar-se com as regras de conduta consignadas na LICSF, que impõem às instituições de crédito e sociedades financeiras os deveres de lealdade, neutralidade, diligência e respeito pelos interesses que lhe estão confiados.

Ficou também atrás destacado que o negócio de crédito não constitui um serviço público, sendo claro, por isso, que ninguém é titular de um direito (subjectivo) de acesso ao crédito.

---

[249] À excepção do Banco Standard Totta de Moçambique (hoje Standard Bank).
[250] *Supra*, ponto 2.2. do sumário.

9. RESPONSABILIDADE DO BANQUEIRO PERANTE O BENEFICIÁRIO DO CRÉDITO – O BANQUEIRO COMO GESTOR DE FACTO DO MUTUÁRIO (*LATO SENSU*)

Um nível de responsabilidade civil que não tem merecido muita atenção dos autores é o que o banqueiro pode assumir como *gestor de facto*[251].

Ao concederem crédito, as instituições financeiras procuram, em regra, obter do potencial mutuário (*lato sensu*) garantias, quer pessoais, quer reais, da sua solvência. Nesse âmbito, o banqueiro pode limitar-se a aceitar os planos de gestão do crédito propostos pelo mutuário como garantia da sua solvabilidade. Mas pode ainda suceder que exija do seu cliente um determinado plano de gestão sobre o qual exerça significativa influência, caso em que se assume como *gestor de facto*.

A expressão *gestor de facto* há-de ser interpretada *lato sensu*, compreendendo quem, embora não legitimado pelos estatutos ou instrumentos afins, ostente poderes de direcção, gestão, administração, representação ou quaisquer outros ou, ainda, que simplesmente governe ou influencie o comportamento da pessoa colectiva. Assim, é possível distinguir as seguintes espécies de *gestores de facto*[252/253]:

---

[251] V. sobre o assunto, no direito português, Diogo Leite de Campos, "A responsabilidade...", págs. 53-54 e, no direito francês, Michel Vasseur, "La responsabilitè...", págs. 408-409.

[252] Neste sentido, Francis Lefebvre, "Responsabilidad de los Administradores, Levantamiento del Velo", págs. 133 e ss.

[253] A noção de *gestor de facto* contrapõe-se à de *gestor de direito*, entendido como sendo a pessoa dotada de poderes que a lei atribui ao cargo – segundo o tipo societário –, por haver sido designada (e ter aceitado o cargo) pelo órgão social competente, em virtude de acordo social formal e substancialmente válido e devidamente documentado.

a) Os que, sem ocupar formalmente cargo algum, de facto controlam e assumem a gestão da pessoa colectiva, fazendo as vezes dos administradores ou exercendo sobre estes uma influência decisiva;

b) Os que assumem formalmente o cargo de gestor, estando, porém, a respectiva designação inquinada por algum vício de fundo ou de forma, nomeadamente (i) por esta haver sido efectuada por órgão sem a necessária competência, (ii) em sessão convocada com inobservância das formalidades estabelecidas, (iii) em violação de alguma disposição legal ou estatutária, (iv) por deliberação tomada sem a maioria estatutariamente prescrita, ou (v) ainda transcorrido o prazo do mandato.

Assumindo o banqueiro a qualidade de gestor de facto do seu cliente, sobre si impenderá o dever de "empregar a diligência de um gestor criterioso e ordenado"(artigo 17.º, 1 do DL n.º 49 381/69, de 15 de Novembro), sob pena de responder perante o cliente.

O artigo 25.º do citado DL n.º 49 381/69, de 15 de Novembro, prevê que a responsabilidade dos administradores se aplica "*a outras pessoas a quem sejam confiadas funções de administração*." Têm-se suscitado dúvidas quanto ao alcance da expressão "*outras pessoas*"[254], face ao disposto no artigo 171.º do CCm, o qual prevê que a administração das sociedades anónimas é confiada a uma direcção, e nos artigos 26.º e seguintes da Lei das Sociedades por Quotas, de 11 de Abril de 1901, nos quais a administração é cometida somente aos gestores.

---

[254] Já sobre a mesma matéria o artigo 99.º da Lei francesa relativa a falências, de 13 de Julho de 1967, era esclarecedor: "Quando o pagamento judicial ou a liquidação de bens duma pessoa colectiva revela uma insuficiência do activo, o tribunal pode decidir, a pedido do síndico ou mesmo oficiosamente, que as dívidas sociais sejam suportadas no todo ou em parte (...) por todos os gestores de direito ou *de facto*." (itálico nosso).

10. RESPONSABILIDADE POR CONSELHOS, RECOMEN-DAÇÕES E INFORMAÇÕES

O dever legal de informar[255] adstringe o banqueiro, na sua qualidade de emprestador profissional especializado, a levar ao conhecimento do seu cliente determinadas informações que detenha[256].

É consabido que os contratos bancários são, em geral, de adesão. O cliente do banqueiro encontra-se, geralmente, numa situação de carência, quer do ponto de vista das regras dos negócios jurídicos bancários – eminentemente técnicas[257] –, quer da necessidade econó-

---

[255] Empregamos, neste trabalho, o termo *informação* em sentido lato, abrangendo igualmente o conselho e a recomendação. Sobre as noções de *conselho, recomendação* e *informação*, v. Jorge Ferreira Sinde Monteiro, "Responsabilidade por Conselhos, Recomendações ou Informações", págs. 14 e seguintes. Segundo o Autor, na informação são comunicados factos, enquanto que no conselho e na recomendação a vontade de quem os recebe há-de ser influenciada pela exortação de agir em determinada direcção. Sinde Monteiro chama a atenção para o facto de que na vida prática muitas vezes se torna difícil traçar a linha divisória entre informação, conselho e recomendação, sendo certo que o conselho pode envolver, para a sua fundamentação, informação e esta por seu turno pode ser dada com vista a recomendar ou aconselhar. Para Almeida Costa, "Direito das Obrigações", pág. 491, o conselho traduz-se sempre numa exortação à adopção de determinado comportamento e a recomendação constitui uma sua subespécie – ou seja, uma exortação menos forte –, na informação encontra-se de todo ausente a ideia de "proposta de conduta" dirigida ao respectivo destinatário.

[256] Sobre a matéria, cfr. Jorge Ferreira Sinde Monteiro, "Responsabilidade por conselhos, recomendações ou Informações"; Manuel Veiga de Faria, "Algumas questões em torno da responsabilidade civil dos bancos pela concessão ou recusa de crédito e por informações, conselhos ou recomendações"; Sofia de Sequeira Galvão, "Da responsabilidade civil do banco por informações – Dissertação de Mestrado em Ciências Jurídicas" – Faculdade de Direito de Lisboa, 1994; Menezes Cordeiro, "Manual..."; Luís Manuel Teles de Menezes Leitão, "Informação bancária e responsabilidade"; Agostinho Cardoso Guedes, "A responsabilidade do banco por informações à luz do artigo 485.º do Código Civil", Revista de Direito e Economia 14, 1988 e Almeno de Sá, "Responsabilidade bancária...", *passim*.

[257] A crescente especialização da actividade bancária, aliada aos progressos no campo das tecnologias de informação, aumenta o fosso entre os peritos e os leigos.

mica. Na verdade, o público que recorre aos serviços do banco não possui, na maior parte dos casos, conhecimentos técnicos (ou mesmo de cariz meramente factual) necessários a uma tomada de decisão conscienciosa. Por outro lado, o facto de os negócios bancários corresponderem, dum modo geral, a relações jurídicas duradoiras propicia um especial clima de confiança[258]. Além disso, da circunstância de as instituições de crédito exercerem profissionalmente as suas actividades, decorrem especiais deveres para com a clientela. Com efeito, o conselho, a recomendação e a informação integram-se na actividade normal do banqueiro, que tem, inclusivamente, um interesse económico próprio na relação jurídica em causa. Estas razões fazem com que o dever de informar a cargo do banqueiro assuma particular intensidade, vincada pela crescente preocupação legislativa na protecção do consumidor, encarado como a parte mais fraca da relação contratual[259]. É neste capítulo significativo que o legislador constitucional haja consagrado no artigo 92.º o direito dos consumidores à qualidade dos bens e serviços consumidos, à formação e à informação, à protecção da saúde, da segurança dos seus interesses económicos, bem como à reparação de danos. Portanto, o dever de informar a cargo do banqueiro decorre, desde logo, da Constituição da República.

---

[258] Como escreve Agostinho Cardoso Guedes, op. cit., págs. 138-139, *"o cliente presume uma competência e organização, uma profissionalização específica, que os bancos efectiva e objectivamente possuem"*. Na mesma linha de raciocínio, Sinde Monteiro, "Responsabilidade por conselhos...", págs. 587, escreve: "(...) *as informações dadas por profissionais, que são ou aparecem publicamente como competentes, suscitam um elevado grau de confiança (...)"*.

[259] Cfr. Baptista Machado, "A Cláusula do razoável", in "Revista de Legislação e de Jurisprudência", Ano 120.º, Coimbra, 1 de Outubro de 1987, pág. 161, Menezes Cordeiro, "Da boa fé no Direito Civil", págs. 549 e ss, "Concessão de crédito ...", pág. 41, "Direito das Obrigações", vol. I, págs. 83 e ss e Simões Patrício, "Recusa de crédito bancário", pág. 20. Em sentido paralelo, escreve Michel Vasseur, "La responsabilité contractuelle et extracontractuelle de la Banque en France", pág. 396: *"En effet, le banquier est un professionnel et, de manière générale, les professionnels voient mettre à leur charge des devoirs particuliers envers leurs clients, parce que ceux-ci sont éventuellement des profanes et des non initiés"*. E acrescenta: *"A ce titre, une évolution dans le sens de l'extension des devoirs du banquier e, par conséquent, dans le sens d'un alourdissement de sa responsabilité, est indéniable en jurisprudence"*.

A nível infra-constitucional, o dever de informar decorre, no direito comum, das mais diversas fontes, cabendo citar, a título exemplificativo:

a) Concretização de conceitos indeterminados, nomeadamente o da boa fé – artigos 227.º, 1 e 767.º, 2 do CC. Este princípio, tal como se acha consagrado no artigo 227.º, 1, impõe-se quer nos preliminares, quer na formação do contrato. Entre os diferentes ângulos sob os quais o ordenamento jurídico acolhe o princípio da boa fé avulta o de causa ou fonte de deveres especiais de conduta exigíveis em cada caso, em face da natureza da relação jurídica concreta e da finalidade visada pelas partes. É, com efeito, hoje ponto assente que a boa fé, aplicada à fase pré-contratual, adstringe as partes, nomeadamente, aos deveres de esclarecer, notificar, revelar, comunicar e, inclusive, aconselhar, sob pena de responsabilidade pelos danos culposamente causados à outra parte. Tais deveres assumem particular intensidade nas situações em que uma das partes contratantes aparece, em face da outra, como a mais fraca e, daí, carecida de protecção especial.[260] No âmbito da execução do contrato, o dever a cargo das partes de agir de acordo com as regras da boa fé decorre do disposto no artigo 762.º, 2.

Portanto, a responsabilidade bancária pode ter por fonte factos perpetrados quer na fase pré-contratual, quer no contexto da execução do contrato, que atentem contra a boa fé;

b) Obrigação legal e geral de prestar determinadas informações. Sirva de exemplo a disposição do artigo 573.º do CC. Nos termos deste preceito legal, a obrigação de informar existe sempre que o titular de um direito tenha dúvida fundada acerca da sua existência ou do seu conteúdo e outrem esteja em condições de prestar as informações necessárias;

---

[260] Com efeito, os contratos deixaram de ser um espaço livre da intervenção do legislador. Fala-se, nestes casos, de ordem pública de protecção, assim entendidas as normas que visam proteger a parte mais fraca na relação contratual. Cfr., sobre o assunto, Menezes Cordeiro, "Da Boa fé...", págs. 527 e ss, Sinde Monteiro, "Responsabilidade...", págs. 358-359 e Almeida Costa, "Direito da Obrigações", págs. 92 e ss e 251 e ss.

c) Normas específicas de fonte legal ou contratual. Atente-se neste caso, no que aqui interessa, ao disposto nos artigos 485.º e 486.º ambos do CC. Nos termos do artigo 485.º, 1, os simples conselhos, recomendações ou informações não responsabilizam quem os dá, ainda que haja negligência da sua parte[261]. O n.º 2 estabelece três excepções ao princípio da irresponsabilidade por conselhos, recomendações e informações prescrito no número anterior:

1.ª, quando se tenha assumido a responsabilidade pelos danos que os conselhos, as recomendações ou as informações possam causar;

2.ª, quando exista o dever jurídico, de fonte legal ou negocial, de aconselhar, recomendar ou informar e se tiver agido com dolo ou culpa; e

3.ª, quando a conduta do agente seja subsumível a um tipo legal de crime.

---

[261] Para Baptista Machado, "A Cláusula do razoável", Revista de Legislação e de Jurisprudência, Ano 120.º, págs. 163-164, a regra do n.º 1 do artigo 485.º do CC tem em vista informações dadas fora do contexto de uma actividade negocial ou profissional. Mas – acrescenta – quando as informações forem dadas neste contexto, *"parece não ser necessária a assunção (contratual) da responsabilidade nem a existência de um dever jurídico de dar informação para que se responda por negligência ou dolo."* Defende o Autor que *"porventura até em razão da sua colocação sistemática, no número 2 [do artigo 485.º do CC] não se pensou na hipótese em que, não obstante não existir um dever jurídico de dar a informação, esta é efectivamente dada, mas com inexactidão e grave negligência, e desta inexactidão resultam prejuízos sérios para quem a solicitou e a recebeu dentro de uma relação de confiança, sendo certo que o informador, ao dá-la, estava ciente de tal risco."* E conclui: *"Também nesta hipótese parece que deve haver obrigação de indemnização por violação de um dever de protecção e cuidado."* Esta posição não é líquida. Parece-nos certeira a crítica de Antunes Varela ao afirmar que Baptista Machado vai mais longe do que a lei ao adoptar a tese da responsabilidade por informações falsas, mesmo que não haja o dever jurídico de informar, mas a informação tenha sido dada com dolo ou manifesta negligência. Por nós, perfilhamos a posição de que o princípio geral enunciado n.º 1 do artigo 485.º tem o alcance de que os conselhos, recomendações ou informações, mesmo que negligentes, não constituem um ilícito susceptível de gerar o dever de indemnizar a pessoa que neles confiou e, como resultado disso, sofreu prejuízos, salvo quando prestados no âmbito duma relação especial (contratual ou decorrente da lei). Refira-se que não obstante a sua localização entre as fontes das obrigações atinentes à responsabilidade civil por factos ilícitos, o artigo 485.º não regula apenas matérias de responsabilidade aquilina, mas também de responsabilidade contratual ou, com maior rigor, obrigacional.

Assim, à luz destas disposições, a recusa ilegítima de prestar informações ou a prestação, com dolo ou mera culpa, de informações falsas, incompletas ou inexactas podem acarretar responsabilidade civil, quando haja o dever jurídico, de fonte legal ou contratual, de as prestar, como acontece caracteristicamente nos contratos bancários.

d) Normas especiais aplicáveis à actividade bancária. Tais normas impõem às instituições de crédito e sociedades financeiras o dever (acessório) de informar (e também de se informarem[262]). Cabe aqui referir o artigo 45.º da LICSF, que estatui:

1. As instituições de crédito e sociedades financeiras devem informar as taxas a praticar nas operações activas e passivas que estejam autorizadas a realizar.

2. As instituições de crédito e sociedades financeiras devem informar os clientes sobre o preço dos serviços prestados e outros encargos por eles suportados.

3. O dever de informar abrange ainda esclarecimentos sobre as cláusulas contratuais gerais bancárias e informações sobre o extracto da conta bancária, neste caso quando solicitadas pelo cliente.

4. O Banco de Moçambique regulamenta, por aviso, os requisitos mínimos que as instituições de crédito e sociedades financeiras devem satisfazer na divulgação ao público das taxas praticadas e das condições em que prestam os seus serviços."

A omissão do dever de informar acarreta responsabilidade civil, preenchidos que estejam os requisitos previstos no artigo 485.º do CC.

Há inclusive situações em que o legislador, em nome de interesses fundamentais, expressamente afasta o sigilo, impondo o dever de informar, quais sejam: existência de autorização expressa, por escrito, do cliente; fornecimento de informações ao Banco Central no âmbito das atribuições deste e imposição da lei penal e do processo penal ou quando haja disposição legal que expressamente limite o dever de sigilo.

---

[262] V. gr., um banqueiro diligente há-de necessariamente consultar a Central de Registos de Crédito antes de se decidir pela concessão de qualquer financiamento.

128 Concessão de Crédito e Responsabilidade Bancária

Dentre os vários preceitos legais que estabelecem excepções ao dever de sigilo bancário, cabe ainda referir os seguintes:

i. A Lei n.º 7/2002, 13 de Fevereiro, que estabelece o regime jurídico da prevenção e repressão da utilização do sistema financeiro para a prática de actos de branqueamento de capitais, bens, produtos ou direitos provenientes de actividades criminosas, dispõe que *"as entidades financeiras, na base de boa-fé, devem comunicar ao Ministério Público, por escrito, toda a operação sobre a qual recaiam suspeitas fundadas da prática de um dos crimes previstos nos artigos 33, 35 e 37 da Lei n.º 3/97, de 13 de Março[263], e no artigo 4 da presente Lei ou quando tenham conhecimento de factos que indiciam a prática de crimes previstos na presente Lei"* (artigo 16.º);

ii. O artigo seguinte impõe às entidades financeiras a obrigação de colaborarem com as autoridades judiciais, quando por estas solicitadas, facultando-lhes informações sobre determinadas operações que os seus clientes hajam realizado ou fornecendo-lhes documentos relacionados com as respectivas operações bancárias, bens, depósitos ou quaisquer outros valores à sua guarda;

iii. Ainda que as entidades financeiras omitam o dever legal de informar ou não dêem conta de indícios da origem duvidosa dos fundos ou outro tipo de bens postos à sua guarda, o Banco de Moçambique quando, no exercício das suas funções de supervisão (ou mesmo fora delas), tenha conhecimento de factos que indiciem suficientemente a prática dos crimes relacionados com o branqueamento de capitais tem o dever de informar o Ministério Público (artigo 20.º do mesmo diploma legal);

iv. Por seu turno, a Lei n.º 3/97, de 13 de Março, prescreve, no artigo 81.º, que quando haja indícios sérios de que uma pessoa, suficientemente identificada, se serve ou serviu do sistema financeiro, bancário ou instituições similares para efectuar ope-

---

[263] Referência ao diploma legal que estabelece o regime jurídico aplicável ao tráfico e consumo de estupefacientes e substâncias psicotrópicas, precursores e preparados ou outras substâncias de efeitos similares e cria o Gabinete Central de Combate à Droga.

rações relacionadas com a prática das infracções previstas nos artigos 33.º, 35.º, 41.º e 42.º, as autoridades judiciárias poderão autorizar, em sacrifício do segredo profissional ou bancário:

a. A colocação, sob vigilância, por período determinado, de contas bancárias;

b. O acesso, por período determinado, a sistemas informáticos usados nas operações; e

c. A exibição ou fornecimento de quaisquer informações.

Por força do mesmo preceito legal, os estabelecimentos financeiros, bancários e instituições similares têm o dever de, *ex officio*, alertar as autoridades judiciais competentes sobre operações realizadas pelos seus clientes, de que tenham fundada suspeita quanto à sua licitude, não representando isso violação do dever de sigilo, nem incorrendo em responsabilidade civil;

v. Informações sobre riscos das operações de crédito, que as instituições de crédito e sociedades financeiras devem fornecer para a sua centralização no Banco de Moçambique (artigos 76.º da LICSF, 4 e 5 do Aviso n.º 7/GGBM/2003, de 4 de Dezembro);

vi. Informações recíprocas entre as instituições de crédito, com a finalidade de garantir a segurança das operações (artigo 50.º da LICSF);

vii. No âmbito da valorização do uso do cheque, as instituições de crédito devem comunicar ao Banco de Moçambique todos os casos de[264]:

a) Rescisão de convenção de cheque que tenham decidido e de celebração de nova convenção com as mesmas entidades;

b) Emissão de cheques sobre si sacados, em data posterior à notificação que hajam feito às entidades abrangidas pela rescisão de convenção de cheque.

Resumindo e concluindo:

Face às considerações acima, é de se concluir que, independentemente da existência de uma norma específica que expressamente

---

[264] Artigo 2.º da Lei n.º 5/98, de 16 de Junho.

os prescreva, poderão resultar deveres acessórios ou laterais de conselho, recomendação ou informação a cargo do banqueiro, quer com base num acordo firmado com o cliente, quer numa interpretação contratual integradora ou, ainda, numa norma legal consagrando princípios como o da boa fé.

Contudo, a legislação bancária consagra normas especiais reguladoras do dever de informar a cargo das instituições de crédito e sociedades financeiras. Essas normas incluem igualmente o dever de, nalguns casos, recusar prestar certas informações, no âmbito do sigilo bancário.

Ficou destacado, no que atrás dissemos, que a recusa ilegítima de prestação de informação e a prestação de informações inexactas ou ofensiva dos bons costumes são geradoras de responsabilidade civil, tendo em conta a previsão do citado artigo 485.º, 2. Trata-se, neste caso, de responsabilidade que emerge *ex lege*. Nada obsta, contudo, que a assunção da responsabilidade seja de natureza contratual.

11. PRINCIPAIS CONCLUSÕES

Ao longo deste trabalho, debruçámo-nos sobre aspectos relacionados com a temática da responsabilidade civil do banqueiro (*lato sensu*) no domínio da actividade creditícia, que passamos a inventariar, sem intenção de os esgotar.

Seguimos, na exposição, uma sistematização compreendendo duas vertentes:

a) A concessão de crédito como operação bancária activa típica, com enfoque na noção legal de crédito, no enquadramento legal e institucional, na intervenção da autoridade pública na regulação da distribuição do crédito, na questão dos riscos inerentes à actividade creditícia, no papel da Central de Registos de Crédito e da troca de informações no âmbito do sistema bancário e, bem assim, nas modalidades de crédito; e

b) A responsabilidade civil das instituições de crédito no âmbito da actividade creditícia (concessão, manutenção, recusa e corte de crédito), perante os seus clientes e face a terceiros, *maxime* os credores da empresa financiada.

Relativamente aos mencionados tópicos, foram notas salientes:

(i) No que respeita à relevância e enquadramento institucional do crédito:

a) Nas economias modernas, as instituições de crédito assumem (ainda), não obstante a concorrência de outras formas de financiamento, uma relevante função de sustento da actividade produtiva e de satisfação das necessidades dos particulares;

b) A lei contém uma noção de crédito e, para lhe precisar os contornos, contempla um elenco de realidades análogas, mas que não são havidas como actividade creditícia: os suprimentos e outras formas de empréstimos e adiantamentos entre uma sociedade e os respectivos sócios, os empréstimos concedidos por empresas aos trabalhadores no quadro da sua política social, as dilações ou antecipações de pagamentos acordadas entre as partes em contratos de aquisição de bens ou serviços, as operações de tesouraria entre sociedades em relação de domínio ou de grupo e a emissão de senhas ou cartões para pagamento dos bens e serviços fornecidos pela empresa emitente;

c) Os contratos bancários de crédito obedecem ao princípio do *numerus apertus,* havendo modelos já com longa tradição e outros correspondentes a técnicas modernas de concessão de crédito;

d) O exercício da actividade creditícia é dominado pelo princípio da exclusividade: só as instituições de crédito, regularmente constituídas, podem ao mesmo dedicar-se a título profissional; e

e) Em franca ascensão e com inegável relevo económico-social estão as instituições de microfinanças, cuja vocação é a prestação de serviços financeiros essencialmente em operações de reduzida e média dimensão.

(ii) Quanto à responsabilidade civil do banqueiro no domínio da actividade creditícia, destacámos que a mesma tem sido discutida na doutrina e na jurisprudência em torno dos aspectos seguintes:

a) Responsabilidade pela concessão de crédito a uma empresa economicamente comprometida, sustentando-a artificialmente e conferindo-lhe, assim, uma enganadora aparência de solvabilidade em face de terceiros.

No quadro do direito constituído, a responsabilidade civil dos bancos surge com maior acuidade pela circunstância de eles serem financiadores profissionais[265], com especiais deveres de aplicarem

---

[265] A LICSF e o RGIC enunciam expressamente a natureza empresarial do exercício do crédito. O dever do banco de agir com diligência decorre, entre outras fontes, dessa sua qualidade de profissional.

racionalmente os aforros que lhes são confiados. Daí que os bancos sejam legalmente obrigados a uma "gestão sã e prudente", o que pressupõe, nomeadamente, a obrigação de se dotarem de gestores e técnicos capazes e, bem assim, de sistemas apropriados de controlo interno.

Na concessão de crédito, impõe-se que os bancos atendam aos princípios da selectividade, garantia, liquidez e diversificação de riscos. Uma política indiscriminada e ruinosa na concessão de crédito, fazendo tábua rasa destes princípios, através, nomeadamente, da concentração de risco em determinada empresa, de financiamento a empreendimentos sem viabilidade económica, é susceptível de gerar um ambiente de desconfiança para com o sistema bancário e, no limite, de conduzir a economia à bancarrota. A nobreza da actividade desenvolvida pelos bancos impõe-lhe um papel selectivo no âmbito do sistema económico, devendo fazer a distribuição correcta dos recursos financeiros, missão que certamente não é susceptível de ser levada a bom porto nos casos em que os mesmos sejam desperdiçados em empréstimos a empresas irreversivelmente em crise.

Neste quadro, parece-nos líquido que se o banqueiro concede crédito a uma empresa em estado de ruína, conhecendo ou devendo conhecer a inviabilidade da sua recuperação, daí resultando o agravamento da situação desta, a sua conduta não pode ser considerada como tendo sido diligente, ou como tendo respeitado os interesses que lhe estão confiados. Contudo, os danos sofridos pelos credores da empresa beneficiária de crédito são puramente patrimoniais: não envolvem a violação de direitos subjectivos, nem de interesses legalmente protegidos. Logo, não são ressarcíveis nos termos do artigo 483.º, 1 do CC. Tais danos podem, contudo, ser reparados com recurso à figura do abuso do direito.

O crédito concedido nas condições descritas, na medida em que se mostre prejudicial aos credores da empresa financiada, que confiaram nesta, enganados pela sua aparente saúde financeira, pode constituir fonte de responsabilidade civil bancária.

> b) Responsabilidade civil pela recusa em conceder crédito. Enquanto a concessão «abusiva» de crédito é moldada em relação a um terceiro, estranho à relação contratual entre o banco e o cliente, e, pelo menos de acordo com a formula-

ção doutrinal dominante no direito comparado, tem natureza delitual, a responsabilidade bancária pela recusa ou corte de crédito tem sido comummente enquadrada no âmbito das relações entre o banqueiro e o seu cliente.

Neste tópico do trabalho, discutimos a questão do eventual direito subjectivo ao crédito. Com referência à tese do serviço público bancário, destacámos que as instituições de crédito, como quaisquer outras empresas que operam nas condições da economia de mercado ou do mercado livre, assumem os riscos inerentes à sua actividade, não tendo, em princípio, nenhuma obrigação de contratar com terceiros que se proponham ser seus clientes.

Não é concebível um serviço público bancário, não tendo, por conseguinte, os particulares um direito (subjectivo) ao crédito, mesmo onde os bancos foram objecto de nacionalização. Ainda aí, os bancos assumem uma função empresarial, assistindo-lhes o direito de conceder crédito a empresas que lhes inspirem confiança. Não compete aos bancos a função de "serviço público", ou seja de ente creditício com a atribuição de distribuir financiamentos numa perspectiva orientada para a finalidade de "salvar" as empresas, mesmo que insolventes.

Do que ficou dito, extrai-se que as instituições de crédito gozam da faculdade de, discricionariamente, se decidirem pela concessão ou não de crédito, nos termos gerais do artigo 405.º, 1 do CC. Compete-lhes a decisão quanto ao *se* e *a quem* conceder crédito, tendo, porém, em conta as regras de conduta previstas na LICSF e respectiva regulamentação. Ficou também vincado que a recusa de conceder crédito pode ser imposta às instituições de crédito no âmbito da prevenção e repressão de actos de branqueamento de capitais, bens, produtos ou direitos provenientes de actividades criminosas.

c) Responsabilidade civil pelo corte abrupto de uma relação creditícia, em prejuízo do cliente. O contrato de crédito pode cessar nos termos gerais de direito. Contudo, quando o mutuante rompa unilateral e inopinadamente a relação contratual, em violação da regra geral estabelecida no artigo 762.º, 2 do CC, essa conduta pode ser fonte de responsabilidade civil;

d) Responsabilidade civil do banqueiro como *gestor de facto* da empresa sua cliente. Neste tipo de situações, a instituição financeira, no intuito de minimizar os riscos inerentes à concessão de crédito, impõe ao seu cliente um determinado plano de gestão. Aqui a responsabilidade do banqueiro decorrerá da sua ingerência excessiva na gestão que competia ao seu cliente;

e) Responsabilidade civil do banqueiro decorrente do financiamento de actividades ilícitas ou que sendo embora lícitas são exercidas de forma ilícita. Trata-se, neste tipo de casos, de responsabilidade civil conexa com responsabilidade penal;

f) Responsabilidade civil do banqueiro por informações, conselhos ou recomendações. Esta responsabilidade emerge da concretização de conceitos indeterminados, designadamente a boa fé, de disposições específicas do direito comum, *maxime* os artigos 485.º e 486.º do CC, de normas específicas reguladoras da actividade bancária, de que avultam as contidas na LICSF. Em face dessas normas, pela omissão do dever legal ou contratual de prestar informação, dar conselho ou recomendação, e havendo culpa ou dolo, o banqueiro responderá pelos danos a que der causa. Trata-se de responsabilidade obrigacional, o que significa que terceiros não terão, em princípio, qualquer pretensão indemnizatória.

As instituições de crédito têm igualmente o dever de se informarem, de avaliarem com a minúcia necessária cada operação de crédito, com recurso aos elementos normalmente exigíveis de análise de risco e às informações disponíveis na Central de Registos de Créditos, que funciona no Banco Central.

Enfim, retivemos do que foi dito que a actividade de concessão de crédito é de profunda relevância económico-social e interesse público, sujeita a ordenamento próprio. No desempenho das suas actividades, os bancos obrigam-se a agir de acordo com os ditames da correcção, prudência e diligência profissionais. Numa só palavra: devem proceder como *"bonus argentarius"*, sob pena de responsabilidade civil, reunidos que estejam os respectivos pressupostos.

PRINCIPAL LEGISLAÇÃO DE REFERÊNCIA

Moçambicana

Constituição da República de Moçambique
Código Civil
Código Comercial
Decreto-Lei n.º 41 403, de 27 de Novembro de 1957
Decreto-Lei 42 641, de 13 de Abril de 1963
Decreto-Lei n.º 45296, de 26 de Outubro de 1963
Decreto-Lei n.º 23/23/74
Decreto n.º 13004, de 12 de Janeiro de 1924
Decreto n.º 57/2004, de 10 de Dezembro
Lei n.º 28/91, de 31 de Dezembro
Lei n.º 1/92, de 3 de Janeiro
Lei n.º 3/96, de 4 de Janeiro
Lei n.º 3/97, de 13 de Março
Lei n.º 5/98, de 15 de Junho
Lei n.º 8/98, de 20 de Julho
Lei n.º 15/99, de 1 de Novembro
Decreto n.º 11/2001, de 20 de Março
Lei n.º 7/2002, de 13 de Fevereiro
Lei n.º 9/2004, de 21 de Julho
Resolução n.º 11/80, de 31 de Dezembro
Aviso n.º 8/96, de 19 de Setembro
Aviso n.º 1/99, de 10 de Fevereiro
Aviso n.º 5/99, de 24 de Março
Aviso n.º 11/99, de 30 de Dezembro
Aviso n.º 7/2001, de 7 de Novembro
Aviso n.º 2/2002, de 12 de Março
Aviso n.º 7/2003, de 4 de Dezembro

Portuguesa

Decreto-Lei n.º 94/83, de 17 de Fevereiro
Decreto-Lei n.º 220/95, de 31 de Agosto
Decreto-Lei n.º 311/95, de 20 de Novembro
Lei n.º 23/96, de 26 de Julho
Lei n.º 24/96, de 31 de Julho

Brasileira

Resolução do Conselho Monetário Nacional n.º 3.109, de 24 de Julho de 2003
Medida Provisória n.º 122, de 25 de Junho de 2003

Angolana

Lei n.º 1/99, de 23 de Abril

ANEXOS

– Lei n.º 15/99, de 1 de Novembro

– Resolução n.º 11/80, de 31 de Dezembro

LEI N.º 15/99,
de 1 de Novembro*

A dinâmica do funcionamento do sistema financeiro, caracterizada pelo surgimento constante de novos produtos e instituições, recomenda a revisão da legislação actualmente aplicável às instituições de crédito, auxiliares de crédito e de intermediação financeira não monetárias.

Para além da introdução de uma nova classificação das instituições tendo em conta o seu objecto, urge adoptar certas medidas tendentes a melhor disciplinar a sua actividade, no sentido de garantir uma adequada gestão dos fundos a elas confiados, oferecendo assim maior segurança aos utentes do sistema financeiro.

Nestes termos, ao abrigo do disposto no n.º 1 do artigo 135 da Constituição, a Assembleia da República determina:

CAPÍTULO I
Disposições Gerais

Artigo 1
Objecto da Lei

1. A presente Lei regula o estabelecimento e o exercício da actividade das instituições de crédito e das sociedades financeiras.

2. Não são abrangidas por esta Lei as seguradoras e as sociedades gestoras de fundos de pensões.

---

* Com as alterações introduzidas pela Lei n.º 9/2004, de 21 de Julho.

Artigo 1A
Superintendência pelo Ministro do Plano e Finanças

1. A superintendência do mercado monetário, financeiro e cambial é da competência do Ministro que superintende a área do Plano e Finanças, devendo intervir sempre que se registe alguma perturbação nesses mercados.

2. Na execução e implementação da presente Lei, o Banco de Moçambique observa as políticas do Governo.

Artigo 2
Definições

1. Para efeitos da presente Lei, entende-se por:

a) Instituições de crédito: empresas que integrem uma das espécies previstas no artigo 3 desta Lei, cuja actividade consiste, nomeadamente, em receber do público depósitos ou outros fundos reembolsáveis, quando o regime jurídico da respectiva espécie expressamente o permita, a fim de os aplicarem por conta própria mediante a concessão de crédito;

b) Sociedades financeiras: empresas que não sejam instituições de crédito e cuja actividade principal consista em exercer uma ou mais das actividades referidas nas alíneas *b)* a *g)* do n.º 1 do artigo 4 da presente Lei.

2. Ainda para efeitos desta lei, entende-se por:

a) Agência: Estabelecimento, no país, de instituição de crédito ou sociedade financeira com sede em Moçambique, ou estabelecimento suplementar da sucursal, no país, de instituição de crédito ou sociedade financeira com sede no estrangeiro, desprovido de personalidade jurídica e que efectue, directamente, no todo ou em parte, operações inerentes à actividade da empresa;

b) Autorização: acto emanado das autoridades competentes e que confere o direito de exercer a actividade de instituição de crédito ou de sociedade financeira;

c) Casas de câmbio: sociedades financeiras que têm por objecto principal a compra e venda de moeda estrangeira e cheques de viagem, podendo ainda realizar outras operações cambiais nos termos estabelecidos na legislação aplicável;

d) Casas de desconto: sociedades financeiras que têm por objecto principal o desconto de títulos e operações afins, nos termos estabelecidos na legislação aplicável;

e) Crédito: acto pelo qual uma entidade, agindo a título oneroso, coloca ou promete colocar fundos à disposição de uma outra entidade contra a promessa de esta lhos restituir na data de vencimento, ou contrai, no interesse da mesma, uma obrigação por assinatura;

f) Cooperativas de crédito: instituições de crédito constituídas sob forma de sociedades cooperativas, cuja actividade é desenvolvida a serviço exclusivo dos seus sócios;

g) Depósito: contrato pelo qual uma entidade recebe fundos de outra, ficando com o direito de deles dispor para os seus negócios e assumindo a responsabilidade de restituir outro tanto, com ou sem juro, no prazo convencionado ou a pedido do depositante;

h) Filial: pessoa colectiva relativamente à qual outra pessoa colectiva, designada por empresa-mãe, se encontra em relação de domínio, considerando-se que a filial de uma filial é igualmente filial da empresa-mãe de que ambas dependem;

i) Instituições de moeda electrónica: instituições de crédito que têm por objecto principal a emissão de meios de pagamento sob a forma de moeda electrónica, nos termos estabelecidos na legislação aplicável. Entende-se por moeda electrónica o valor monetário, representado por um crédito sobre o emitente e que:

I. Se encontre armazenado num suporte electrónico;

II. Seja aceite como meio de pagamento por outras entidades que não a emitente.

j) Microbancos: instituições de crédito que têm por objecto principal o exercício da actividade bancária restrita, operando nomeadamente em microfinanças, nos termos definidos na legislação aplicável. Entende-se por microfinanças a actividade que consiste na prestação de serviços financeiros essencialmente em operações de reduzida e média dimensão.

k) *Participação qualificada:* detenção numa sociedade, directa ou indirectamente, de percentagem não inferior a 10% do capital ou dos direitos de voto. Consideram-se equiparados aos direitos de voto da participante:

(i) Os direitos detidos pelas entidades por aquela dominadas ou que com ela se encontrem numa relação de grupo;

(ii) Os direitos detidos pelo cônjuge não separado judicialmente ou por descendente de menor idade;

(iii) Os direitos detidos por outras entidades, em nome próprio ou alheio, mas por conta da participante ou das pessoas atrás referidas;

(iv) Os direitos inerentes a acções de que a participante detenha o usufruto.

l) *Relação de domínio:* relação que se dá entre uma pessoa singular ou colectiva e uma sociedade, quando a pessoa em causa, se encontre numa das seguintes situações:

(i) Detenha, directa ou indirectamente, a maioria dos direitos de voto, considerando-se equiparados aos direitos de voto da participante os direitos de qualquer outra sociedade que com ela se encontre numa relação de grupo;

(ii) Seja sócia da sociedade e controle por si só, em virtude de acordo concluído com outros sócios desta, a maioria dos direitos de voto;

(iii) Detenha uma participação não inferior a 20% do capital da sociedade, desde que exerça efectivamente sobre esta uma influência dominante ou se encontrem ambas sob direcção única;

(iv) Seja sócia da sociedade e tenha o direito de designar ou destituir mais de metade dos membros do órgão de administração ou de fiscalização;

(v) Possa exercer uma influência dominante sobre a sociedade por força de contrato ou estatutos desta.

m) *Relação de grupo:* relação que se dá entre duas ou mais pessoas singulares ou colectivas que constituam uma única entidade do ponto de vista do risco assumido, por estarem de tal forma ligadas que, na eventualidade de uma delas deparar com problemas financeiros, a outra ou todas as outras terão, provavelmente, dificuldades em cumprir as suas obrigações. Com excepção das empresas públicas ou de outra natureza controladas pelo Estado, considera-se que existe esta relação de grupo, nomeadamente, quando:

(i) Há relação de domínio de uma sobre a outra ou sobre as outras;

(ii) Existam accionistas ou associados comuns, que exerçam influência nas sociedades em questão;

(iii) Existam administradores comuns;

(iv) Haja interdependência comercial directa que não possa ser substituída a curto prazo.

n) *Relação de proximidade:* relação entre duas ou mais pessoas, singulares ou colectivas:

I. Ligadas entre si através:

   i. De uma participação, entendida como detenção, directa ou indirecta, de percentagem não inferior a 20% do capital ou dos direitos de voto de uma empresa;

   ii. De uma relação de domínio;

II. Ligadas a uma terceira pessoa através de uma relação de domínio.

o) *Sociedades administradoras de compras em grupo:* sociedades financeiras que têm por objectivo exclusivo a administração de compras em grupos. Entende-se por compras em grupo o sistema de aquisição de bens ou serviços pelo qual um conjunto determinado de pessoas, designadas participantes, constitui um fundo comum, mediante a entrega periódica de prestações pecuniárias, com vista à aquisição, por cada participante, daqueles bens ou serviços ao longo de um período de tempo previamente estabelecido;

p) *Sociedades corretoras:* sociedades financeiras que têm por objecto principal o exercício da actividade de intermediação em bolsa de valores, através do recebimento de ordens dos investidores para a transacção de valores mobiliários e respectiva execução, podendo, no âmbito do mercado de valores mobiliários, realizar outras actividades que lhes sejam permitidas pela legislação aplicável;

q) *Sociedades de capital de risco:* sociedades financeiras que têm por objecto principal o apoio e promoção do investimento em empresas, através da participação temporária no respectivo capital social, nos termos definidos pela legislação aplicável;

r) *Sociedades de factoring:* instituições de crédito que têm por objecto principal o exercício da actividade de *factoring* ou cessão financeira. Entende-se por *factoring* ou cessão financeira o contrato pelo qual uma das partes (factor) adquire, da outra (aderente), créditos a curto prazo, derivados da venda de produtos ou da prestação de serviços a uma terceira pessoa (devedor);

s) *Sociedades de investimento:* instituições de crédito que têm por objecto principal a concessão de crédito e a prestação de serviços conexos, nos termos que lhes sejam permitidos pela legislação aplicável;

t) *Sociedades de locação financeira*: instituições de crédito que têm por objecto principal o exercício da actividade de locação financeira. Entende-se por locação financeira o contrato pelo qual uma das partes (locador) se obriga, mediante retribuição, a ceder à outra (locatário) o gozo temporário de uma coisa, móvel ou imóvel, adquirida ou construída por indicação do locatário, a qual poderá, ou não, ser afecta a um investimento produtivo ou a serviços de manifesto interesse económico ou social, e que o locatário poderá comprar, decorrido o período acordado, por um preço determinado ou determinável mediante simples aplicação dos critérios fixados no contrato;

u) *Sociedades financeiras de corretagem:* sociedades financeiras que têm por objecto principal o exercício da actividade de intermediação em bolsa de valores, quer através do recebimento de ordens dos investidores para a transacção de valores mobiliários e respectiva execução, quer através da realização de operações de compra e venda de valores mobiliários por conta própria, podendo realizar outras actividades, no âmbito do mercado de valores mobiliários, que lhes sejam permitidas pela legislação aplicável;

v) Sociedades gestoras de patrimónios: sociedades financeiras que têm por objecto principal o exercício da actividade de administração de conjuntos de bens pertencentes a terceiros, nos termos permitidos pela legislação aplicável;

w) Sociedades gestoras de fundos de investimento: sociedades financeiras que têm por objecto principal a administração, em representação dos participantes, de um ou mais fundos de investimento. Entende-se por fundos de investimento o conjunto de valores resultantes de investimentos de capitais recebidos do público e representados por unidades de participação;

x) Sociedades emitentes ou gestoras de cartões de crédito: sociedades financeiras que têm por objecto principal a emissão ou gestão de cartões de crédito, nos termos definidos na legislação aplicável;

y) Sucursal: estabelecimento principal, em Moçambique, de instituição de crédito ou sociedade financeira com sede no estrangeiro, ou estabelecimento principal, no estrangeiro, de instituição de crédito ou sociedade financeira com sede em Moçambique, desprovido de personalidade jurídica e que efectue directamente, no todo ou em parte, operações inerentes à actividade da empresa.

z) Supervisão em base consolidada: supervisão efectuada pelo Banco de Moçambique às instituições de crédito e sociedades financeiras obrigadas nos termos da legislação aplicável à apresentação de contas consolidadas, nomeadamente pelo facto de as mesmas serem consideradas empresas-mãe de outras pessoas colectivas suas filiais ou nelas deterem participações financeiras, ou ainda estarem a elas ligadas por alguma outra relação ou interesse considerado relevante nos termos da legislação aplicável. Sem prejuízo de outros elementos complementares exigidos pela legislação aplicável, consideram-se contas consolidadas o balanço consolidado e a demonstração consolidada de resultados.

Artigo 3
Espécies de instituições de crédito

São instituições de crédito:

a) Os bancos;
b) As sociedades de locação financeira;
c) As cooperativas de crédito;
d) As sociedades de *factoring*;
e) As sociedades de investimento;
f) Os microbancos, nos diversos tipos admitidos na legislação aplicável;
g) As instituições de moeda electrónica;
h) Outras empresas que, correspondendo à definição da alínea a) do n.º 1 do artigo 2, como tal sejam qualificadas por decreto do Conselho de Ministros.

Artigo 4
Actividade das instituições de crédito

1. Os bancos podem exercer as seguintes actividades:

a) Recepção, do público, de depósitos ou outros fundos reembolsáveis;
b) Operações de crédito, incluindo concessão de garantias e outros compromissos;
c) Operações de pagamentos;
d) Emissão e gestão de meios de pagamento, tais como cartões de crédito, cheques de viagem e cartas de crédito;
e) Transacções, por conta própria ou alheia, sobre instrumentos do mercado monetário, financeiro e cambial;
f) Participação em emissões e colocações de valores mobiliários e prestação de serviços correlativos;
g) Consultoria, guarda, administração e gestão de carteira de valores mobiliários;
h) Operações sobre metais preciosos, nos termos estabelecidos pela legislação cambial;
i) Tomada de participações no capital de sociedades;
j) Comercialização de contratos de seguro;

Lei n.º 15/99, de 1 de Novembro 149

k) Aluguer de cofres e guarda de valores;
l) Consultoria de empresas em matéria de estrutura de capital, de estratégia empresarial e questões conexas;
m) Outras operações análogas e que a lei lhes não proíba.

2. Os bancos podem ainda ser autorizados a exercer as actividades de locação financeira e *factoring*;

3. As restantes instituições de crédito só podem efectuar as operações que lhes são permitidas pela legislação que rege a sua actividade.

Artigo 5
Espécies de sociedades financeiras

1. São sociedades financeiras:

a) As sociedades financeiras de corretagem;
b) As sociedades corretoras;
c) As sociedades gestoras de fundos de investimento;
d) As sociedades gestoras de patrimónios;
e) As sociedades de capital de risco;
f) As sociedades administradoras de compras em grupo;
g) As sociedades emitentes ou gestoras de cartões de crédito;
h) As casas de câmbio;
i) As casas de desconto;
j) Outras empresas que, correspondendo à definição da alínea *b)* do n.º 1 do artigo 2, sejam como tal qualificadas por Decreto do Conselho de Ministros.

Artigo 6
Actividade das sociedades financeiras

As sociedades financeiras só podem efectuar as operações que lhes são permitidas pela legislação específica que rege a sua actividade.

Artigo 7
Princípio da exclusividade

1. Só as instituições de crédito podem exercer a actividade de recepção, do público, de depósitos ou outros fundos reembolsáveis, para utilização por conta própria.

2. Só as instituições de crédito e as sociedades financeiras podem exercer, a título profissional, as actividades referidas nas alíneas *b)* a *g)* do n.º 1 do artigo 4.

3. O disposto no n.º 1 não obsta a que as seguintes entidades recebam, do público, fundos reembolsáveis, nos termos das disposições legais, regulamentares ou estatutárias aplicáveis:

a) Estado e autarquias locais;
b) Fundos e institutos públicos dotados de personalidade jurídica e autonomia administrativa e financeira;
c) Seguradoras, no respeitante a operações de capitalização.

4. O disposto no n.º 2 do presente artigo não obsta a que as seguintes entidades realizem a actividade de concessão de crédito:

a) As pessoas referidas na alínea *b)* do número anterior, desde que tal actividade esteja prevista nos diploma legais que regulam a sua actividade;
b) Pessoas singulares e outras pessoas colectivas não previstas nos números anteriores nos termos da legislação aplicável.

ARTIGO 8

**Fundos reembolsáveis recebidos do público
e concessão de crédito**

1. Para efeitos da presente Lei, não são considerados como fundos reembolsáveis recebidos do público os fundos obtidos mediante emissão de obrigações, nos termos do Código Comercial.

2. Para efeitos desta Lei, não são considerados como concessão de crédito:

a) Os suprimentos e outras formas de empréstimos e adiantamentos entre uma sociedade e os respectivos sócios;
b) Empréstimos concedidos por empresas aos seus trabalhadores no âmbito da sua política de pessoal;
c) As dilações ou antecipações de pagamentos acordados entre as partes em contratos de aquisição de bens ou serviços;
d) As operações de tesouraria, quando legalmente permitidas, entre sociedades que se encontrem numa relação de domínio ou de grupo;

e) A emissão de senhas ou cartões para pagamento dos bens e serviços fornecidos pela empresa emitente.

ARTIGO 9
Entidades habilitadas

Estão habilitadas a exercer as actividades a que se refere a presente Lei as seguintes entidades:

a) Instituições de crédito e sociedades financeiras com sede em Moçambique;

b) Sucursais, em Moçambique, de instituições de crédito e de sociedades financeiras com sede no estrangeiro.

ARTIGO 10
Verdade das firmas ou denominações

1. Só as instituições de crédito e sociedades financeiras podem incluir na sua firma ou denominação, ou usar no exercício da sua actividade, expressões que sugiram actividade própria das instituições de crédito ou das sociedades financeiras, designadamente "banco", "banqueiro", "microbanco", "de crédito", "de depósitos", "locação financeira", "*leasing*" e "*factoring*".

2. As referidas expressões serão sempre usadas por forma a não induzirem o público em erro quanto ao âmbito das operações que a entidade em causa possa praticar.

CAPÍTULO II
Instituições de Crédito e Sociedades Financeiras com sede em Moçambique

SECÇÃO I
Princípios gerais

ARTIGO 11
Requisitos gerais

1. As instituições de crédito com sede em Moçambique devem satisfazer os seguintes requisitos:

a) Corresponder a uma das espécies previstas na lei moçambicana;

b) Adoptar a forma de sociedade anónima;

c) Ter por objecto exclusivo o exercício da actividade legalmente permitida nos termos do artigo 4;

d) Ter capital social não inferior ao mínimo legal;

e) Ter o capital social representado obrigatoriamente por acções nominativas ou ao portador registadas.

2. Para além dos requisitos previstos nas alíneas *a)* e *d)* do número anterior, as sociedades financeiras com sede em Moçambique devem ter por objecto principal uma ou mais das actividades referidas nas alíneas *b)* a *g)* do n.º 1 do artigo 4 ou outra prevista na legislação aplicável.

3. Na data da constituição, o capital social das instituições de crédito e sociedades financeiras deve estar inteiramente subscrito e realizado em montante não inferior ao mínimo legal.

4. O capital das instituições de crédito e sociedades financeiras deve ser integralmente realizado no prazo de 6 meses a contar da data de constituição ou da data da subscrição, quando se trate de aumento de capital.

5. A realização do capital social, tanto no âmbito da constituição como nos casos de aumento, faz-se mediante depósito do respectivo montante numa instituição de crédito a operar no país e que não seja a própria.

6. Sempre que a situação o justifique, nomeadamente tendo em atenção a respectiva dimensão e âmbito de implantação, mediante requerimento prévio dos proponentes, devidamente fundamentado, o Banco de Moçambique pode autorizar a constituição de microbancos com dispensa do requisito da alínea *b)* do n.º 1 do presente artigo

Artigo 12
Órgão de administração ou equiparado

1. A gestão das instituições de crédito e sociedades financeiras é confiada a um conselho de administração ou órgão equiparado.

2. A criação de qualquer órgão, colegial ou individual, a que se atribua a gestão corrente da instituição de crédito ou sociedade financeira, designadamente direcção executiva ou director executivo, comissão executiva, conselho directivo ou equiparados, deve constar ou estar prevista nos estatutos, com indicação expressa das respectivas competências.

SECÇÃO II
Processo de Autorização

Artigo 13
Autorização de constituição

A constituição de instituições de crédito e sociedades financeiras depende de autorização a conceder, caso a caso, pelo Governador do Banco de Moçambique.

Artigo 14
Instrução do pedido

1. O pedido, dirigido ao Governador, deve ser apresentado no Banco de Moçambique e instruído com os seguintes elementos:

a) Caracterização do tipo de instituição a constituir e exposição fundamentada sobre a adequação da estrutura accionista à sua estabilidade;

b) Projecto de estatutos;

c) Programa de actividades, implantação geográfica, estrutura orgânica e meios humanos, técnicos e materiais a serem utilizados;

d) Contas provisionais para cada um dos três primeiros anos de actividade;

e) Identificação dos sócios ou accionistas fundadores, com especificação do capital por cada um subscrito, devendo juntar declaração de que os fundos a afectar e mobilizar não são de proveniência ilícita ou criminosa e declaração emitida pela autoridade competente, ou na sua impossibilidade, compromisso de honra, em como não se verifica nenhuma das circunstâncias referidas nas alíneas *a)* a *d)* do n.º 4 do artigo 19, bem ainda, tratando-se de pessoa singular, certificado de registo criminal válido;

f) Declaração de compromisso de que no acto da constituição, e como sua condição, se demonstre estar depositado numa instituição de crédito a operar no país o montante do capital social exigido por lei.

2. Devem ainda ser apresentadas as seguintes informações relativas a accionistas fundadores que sejam pessoas colectivas detentoras de participações qualificadas na instituição a constituir:

a) Estatutos e relação dos membros do órgão de administração;

b) Balanço e demonstração de resultados dos últimos três anos;

c) Relação dos sócios da pessoa colectiva participante que nesta sejam detentores de participações qualificadas;

d) Relação das sociedades em cujo capital a pessoa colectiva participante detenha participações qualificadas, bem como exposição ilustrativa da estrutura do grupo a que pertença.

3. O Banco de Moçambique pode solicitar aos requerentes informações complementares e levar a cabo as averiguações que considere necessárias, nomeadamente quanto à origem e proveniência dos fundos a alocar à instituição de crédito ou sociedade financeira a constituir, entre outras.

ARTIGO 15
Decisão

1. A decisão sobre o pedido deve ser tomada no prazo de noventa dias a contar da recepção do pedido ou, se for o caso, das informações complementares e deverá ser notificada, por escrito, aos requerentes.

2. O pedido é indeferido sempre que:

a) Não estiver instruído com todas as informações e documentos exigidos;

b) A sua instrução enfermar de inexactidões e falsidades;

c) A instituição não obedecer aos requisitos dos n.ºs 1 e 2 do artigo 11;

d) A instituição não dispuser de meios técnicos e recursos financeiros suficientes para o tipo e volume das operações que pretenda realizar;

e) O Banco de Moçambique não considerar demonstrado que todos os detentores de participações qualificadas satisfazem os requisitos estabelecidos no artigo 65A;

f) A adequada supervisão da instituição a constituir seja inviabilizada por uma relação de proximidade entre a instituição e outras pessoas, ou pelas disposições legais ou regulamentares de um país terceiro a que esteja sujeita alguma das referidas pessoas ou ainda por dificuldades inerentes à aplicação de tais disposições;

g) Houver fundadas dúvidas ou razoáveis suspeitas relativas à idoneidade, experiência ou competência dos requerentes, ou quanto à licitude da origem e proveniência dos fundos a alocar à actividade.

3. Em caso de indeferimento o Banco de Moçambique, se entender necessário para reserva da confidencialidade das fontes e do sigilo, pode abster-se de comunicar especificadamente as causas da recusa, bastando, se for caso disso, a invocação genérica dos preceitos legais aplicáveis.

4. Não obstante o preenchimento dos requisitos formais, o pedido de autorização pode ainda ser indeferido se a análise da situação específica do mercado onde se pretende implantar a entidade a cons-

Concessão de Crédito e Responsabilidade Bancária

tituir desaconselhar o surgimento de mais uma instituição de crédito ou sociedade financeira da espécie requerida.

5. Constitui factor positivo de ponderação a existência da experiência adequada referida no artigo 20, por parte dos requerentes ou dos titulares de órgãos sociais.

Artigo 16
Caducidade da autorização

1. A autorização caduca se os requerentes a ela expressamente renunciarem, se a instituição não for constituída no prazo de 3 meses a contar da data da autorização ou se não iniciar a actividade no prazo de 12 meses.

2. Em circunstâncias excepcionais, mediante requerimento da instituição devidamente fundamentado, pode o Banco de Moçambique, prorrogar, uma única vez, por mais 6 meses, o prazo de início da actividade.

3. A autorização caduca ainda se a instituição for dissolvida, sem prejuízo da prática dos actos necessários à respectiva liquidação.

Artigo 17
Revogação e suspensão preventiva da autorização

1. A autorização de instituição de crédito ou de sociedade financeira pode ser revogada com os seguintes fundamentos, além de outros legalmente previstos:

a) Se tiver sido obtida por meio de falsas declarações ou outros expedientes ilícitos, independentemente das sanções penais que ao caso couberem;

b) Se deixar de se verificar algum dos requisitos estabelecidos no artigo 11;

c) Se a sua actividade não corresponder ao objecto estatutário autorizado;

d) Se cessar a sua actividade por período superior a 6 meses;

e) Se violar as leis e regulamentos que disciplinam a sua actividade ou não observar as determinações do Banco de Moçambique, de modo a pôr em risco os interesses dos

Lei n.º 15/99, de 1 de Novembro 157

depositantes e demais credores ou as condições normais de funcionamento dos mercados monetário, financeiro ou cambial.

2. A revogação da autorização implica a dissolução e liquidação da instituição de crédito ou da sociedade financeira.

3. Independentemente da dedução de acusação por qualquer das infracções previstas no capítulo IX desta Lei, mas podendo igualmente ser preliminar ou incidente da mesma, o Banco de Moçambique pode determinar a suspensão preventiva da autorização quando a gravidade da situação o justifique, havendo fundado receio da verificação de alguma das seguintes situações:

a) Perturbação do mercado monetário, financeiro ou cambial;
b) Grave prejuízo para a confiança no sistema financeiro;
c) Continuação da prática de grave irregularidade.

4. Determinada a suspensão, são imediatamente encerrados todos os estabelecimentos e suspensa a actividade da instituição de crédito ou sociedade financeira, podendo, contudo, manter-se os serviços mínimos indispensáveis ou necessários, se o Banco de Moçambique o considerar conveniente.

ARTIGO 18

Competência e forma de revogação

1. A revogação da autorização é da competência do Governador do Banco de Moçambique.

2. A decisão de revogação deve ser fundamentada e notificada à instituição de crédito ou sociedade financeira em causa.

SECÇÃO III
Administração e fiscalização

ARTIGO 19

Idoneidade dos membros dos órgãos sociais

1. Salvo quando o contrário da própria situação resultar, o disposto na presente Lei, quanto aos titulares de órgãos sociais é exten-

sivo, com as necessárias adaptações, aos titulares de outros órgãos não obrigatórios criados pela instituição de crédito ou sociedade financeira à luz dos seus estatutos, bem como aos titulares de cargos relevantes de gestão, nos termos definidos pelo Banco de Moçambique.

2. Dos órgãos sociais de uma instituição de crédito ou de uma sociedade financeira, designadamente de administração e fiscalização, apenas podem fazer parte pessoas cuja idoneidade dê garantias de gestão sã e prudente, tendo em vista, de modo particular, a segurança dos fundos que lhes forem confiados.

3. Na apreciação da idoneidade deve ter-se em conta o modo como a pessoa gere habitualmente os negócios ou exerce a profissão, em especial nos aspectos que revelem incapacidade para decidir de forma ponderada e criteriosa, ou tendência para não cumprir pontualmente as suas obrigações ou para ter comportamentos incompatíveis com a preservação da confiança do mercado.

4. Entre outras circunstâncias atendíveis, considera-se indiciador de falta de idoneidade o facto de a pessoa ter sido:

a) Declarada, por sentença proferida em tribunais nacionais ou estrangeiros, falida ou insolvente ou responsável por falência ou insolvência de empresa por ela dominada ou de que ela tenha sido administradora, directora ou gerente;

b) Condenada, no país ou no estrangeiro, por crimes de falência dolosa, falência por negligência, falsificação, furto, roubo, burla por defraudação, extorsão, abuso de confiança, usura, fraude cambial e emissão de cheques sem provisão, tráfico de drogas, branqueamento de capitais e outros crimes de natureza económica;

c) Administradora, directora ou gerente de empresa, no país ou no estrangeiro, cuja falência ou insolvência tenha sido prevenida, suspensa ou evitada por providências de saneamento ou outros meios preventivos ou suspensivos, desde que seja reconhecida pelas autoridades competentes a sua responsabilidade por essa situação;

d) Condenada, no país ou no estrangeiro, pela prática de infracções às regras legais ou regulamentares que regem a actividade das instituições de crédito e das sociedades financeiras, a actividade seguradora e o mercado de valores mobiliários, quando a gravidade ou reincidência dessas infracções o justifique.

5. O Banco de Moçambique, para efeitos deste artigo, trocará informações com outras autoridades de supervisão bancária e dos mercados segurador e de valores mobiliários, quer no país, quer no estrangeiro.

Artigo 20
Experiência profissional

1. Os titulares de cargos sociais de instituições de crédito e sociedades financeiras, em especial do órgão de administração e de fiscalização, nomeadamente aqueles a quem caiba assegurar a sua gestão corrente, devem possuir experiência adequada ao desempenho dos respectivos cargos e funções.

2. Presume-se existir experiência adequada quando a pessoa em causa tenha anteriormente exercido, de forma competente, funções de responsabilidade no domínio financeiro ou disponha de reconhecida competência em matéria económica, jurídica ou de gestão.

3. A duração da experiência anterior, a natureza e o grau de responsabilidade das funções previamente exercidas devem estar em consonância com as características e dimensão da instituição de crédito ou sociedade financeira de que se trate.

4. A verificação do preenchimento do requisito de experiência adequada pode ser objecto de consulta prévia.

Artigo 21
Falta de requisitos dos órgãos sociais

1. Se, por qualquer motivo, deixarem de estar preenchidos os requisitos legais ou estatutários do normal funcionamento de um órgão social de uma instituição de crédito ou de uma sociedade financeira, o Banco de Moçambique fixa o prazo para ser alterada a composição do órgão em causa.

2. Não sendo regularizada a situação no prazo fixado, pode ser revogada a autorização nos termos do artigo 17.

Artigo 22
Acumulação de cargos e funções

1. Os membros dos órgãos de administração das instituições de crédito e sociedades financeiras não podem, cumulativamente, exercer cargos de gestão ou desempenhar quaisquer funções em outras instituições de crédito e sociedades financeiras.

2. O disposto no número anterior não se aplica ao exercício cumulativo de cargos de gestão ou ao exercício de funções em outras instituições de crédito e sociedades financeiras com quem a instituição em causa se encontre numa relação de domínio ou de grupo.

3. Os membros dos órgãos de administração de instituições de crédito e sociedades financeiras que pretendam exercer cargos de gestão noutras sociedades, que não as referidas no número anterior, deverão, com antecedência mínima de quinze dias úteis, comunicar a sua pretensão ao Banco de Moçambique, o qual pode opor-se se entender que a acumulação é susceptível de prejudicar o exercício de funções na instituição de crédito ou sociedade financeira.

4. A falta da comunicação prevista no número anterior é fundamento de cancelamento do respectivo registo.

SECÇÃO IV
Alterações estatutárias

Artigo 23
Alterações estatutárias em geral

As alterações dos estatutos das instituições de crédito e sociedades financeiras estão sujeitas a prévia autorização do Governador do Banco de Moçambique.

Artigo 24
Fusão, cisão e dissolução

Qualquer fusão, cisão ou dissolução que envolva instituições de crédito ou sociedades financeiras carece de autorização prévia do Governador do Banco de Moçambique.

Artigo 24A
Comunicação ao Ministro do Plano e Finanças

Os actos praticados no âmbito das competências estabelecidas nos artigos 13, 17, 23, 24 e 32 devem ser dados a conhecer ao Ministro que superintende a área do Plano e Finanças no prazo de 30 dias.

CAPÍTULO III
Actividade no Estrangeiro de Instituições de Crédito e Sociedades Financeiras com Sede em Moçambique

Artigo 25
Sucursais

1. As instituições de crédito e sociedades financeiras com sede em Moçambique que pretendam estabelecer sucursal no estrangeiro devem solicitar a autorização do Banco de Moçambique, especificando os seguintes elementos:

a) País onde se propõem estabelecer a sucursal;

b) Programa de actividades, no qual sejam indicados nomeadamente, o tipo de operações a realizar e a estrutura de organização da sucursal.

2. O Banco de Moçambique pode, no prazo de trinta dias, recusar a pretensão se as estruturas administrativas ou a situação financeira da instituição forem inadequadas ao projecto.

3. A sucursal não pode efectuar operações que não constem do objecto social da instituição ou do programa de actividades referido na alínea b) do n.º 1 do presente artigo.

4. A gestão corrente da sucursal deve ser confiada a gerentes, sujeitos a todos os requisitos de idoneidade e experiência exigidos aos membros do órgão de administração das instituições de crédito e das sociedades financeiras com sede em Moçambique.

Artigo 26
Escritórios de representação

O estabelecimento no estrangeiro de escritórios de representação de instituições de crédito e sociedades financeiras com sede em Moçambique carece de registo prévio no Banco de Moçambique.

CAPÍTULO IV
Actividade em Moçambique de Instituições de Crédito e Sociedades Financeiras com Sede no Estrangeiro

SECÇÃO I
Princípios gerais

Artigo 27
Observância da lei moçambicana

A actividade, em território nacional, de instituições de crédito e sociedades financeiras com sede no estrangeiro deve observar a lei moçambicana.

Artigo 28
Idoneidade dos gerentes

Os gerentes das sucursais ou dos escritórios de representação de instituições de crédito e sociedades financeiras com sede no estrangeiro estão sujeitos a todos os requisitos de idoneidade e experiência que a lei estabelece para os membros dos órgãos de administração das instituições de crédito e sociedades financeiras com sede em Moçambique.

Artigo 29
Uso da firma ou denominação

1. As instituições de crédito e sociedades financeiras com sede no estrangeiro estabelecidas em Moçambique podem usar a firma ou denominação que utilizam no país de origem.

2. Se esse uso for susceptível de induzir o público em erro quanto às operações que as instituições podem praticar, ou de fazer confundir as firmas ou denominações com outras que gozem de protecção em Moçambique, o Banco de Moçambique determina que à firma ou denominação seja aditada uma menção explicativa, apta a prevenir equívocos.

Artigo 30
Revogação e caducidade da autorização no país de origem

1. Quando o Banco de Moçambique for informado de que no país de origem foi revogada ou caducou a autorização para o exercício da actividade de instituição de crédito ou de sociedade financeira que disponha de sucursal em Moçambique, toma as providências adequadas para impedir que a entidade em causa inicie novas operações e para salvaguardar os interesses dos depositantes e de outros credores.

2. A revogação ou caducidade da autorização para o exercício da actividade no país de origem determinará a cessação do exercício da actividade em Moçambique.

SECÇÃO II
Sucursais

Artigo 31
Disposições aplicáveis

O estabelecimento, em Moçambique, de sucursais de instituições de crédito e sociedades financeiras fica sujeito ao disposto na presente secção e nos artigos 14 a 18 da presente Lei, com as necessárias adaptações.

Artigo 32
Autorização

1. O estabelecimento da sucursal fica dependente de autorização a ser concedida, caso a caso, pelo Governador do Banco de Moçambique.

2. A concessão da autorização nos termos do número anterior fica sujeita ao preenchimento dos seguintes requisitos:

a) Que a entidade que pretenda estabelecer a sucursal corresponda a uma das espécies previstas na lei moçambicana;

b) Que a sucursal tenha por objecto exclusivo ou principal, conforme se trate de instituição de crédito ou sociedade financeira, o exercício das actividades previstas no artigo 4 da presente lei.

ARTIGO 33

Gerência

A gerência da sucursal deve ser confiada a uma direcção com um mínimo de dois gerentes, com poderes bastantes para tratar e resolver definitivamente, no país, todos os assuntos que respeitem à sua actividade.

ARTIGO 34

Capital afecto

1. Às operações a realizar pela sucursal deve ser afecto capital adequado a sua garantia, que não deve ser inferior ao mínimo previsto na lei moçambicana para as instituições de crédito e sociedades financeiras da mesma natureza com sede em Moçambique.

2. O capital deve ser depositado numa instituição de crédito a operar em Moçambique antes de efectuado o registo especial da sucursal no Banco de Moçambique.

ARTIGO 35

Responsabilidade

1. A instituição de crédito ou a sociedade financeira responde pelas operações realizadas pela sua sucursal em Moçambique.

2. Por obrigações assumidas, em outros países, pela instituição de crédito ou pela sociedade financeira pode responder o activo da sucursal, mas só depois de satisfeitas todas as obrigações contraídas em Moçambique.

Lei n.º 15/99, de 1 de Novembro 165

3. A decisão de autoridade estrangeira que decretar falência ou liquidação de instituição de crédito ou de sociedade financeira só se aplica às sucursais que ela tenha em Moçambique, ainda que revista pelos tribunais moçambicanos, depois de cumprido o disposto no número anterior.

Artigo 36

Contabilidade e escrituração

A sucursal manterá uma contabilidade própria, de acordo com as regras estabelecidas pelo Banco de Moçambique e com utilização obrigatória da língua portuguesa.

SECÇÃO III

Escritórios de representação

Artigo 37

Requisitos de estabelecimento

1. A instalação e o funcionamento, em Moçambique, de escritórios de representação de instituições de crédito e sociedades financeiras com sede no estrangeiro dependem, sem prejuízo da legislação aplicável em matéria de registo comercial, de registo especial prévio no Banco de Moçambique, mediante apresentação de certificado emitido pelas autoridades de supervisão do país de origem que especifique o regime da instituição por referência à lei que lhe é aplicável.

2. O início da actividade dos escritórios de representação deve ter lugar nos 3 meses seguintes ao registo no Banco de Moçambique, podendo este, se houver motivo fundado, prorrogar o prazo por igual período.

3. Caso o escritório de representação não observe os prazos referidos no número anterior, o direito ao exercício da actividade caduca e, bem assim, o correspondente registo.

Artigo 38
Âmbito de actividade

1. A actividade dos escritórios de representação decorre na estrita dependência das instituições de crédito ou das sociedades financeiras que representem, apenas lhes sendo permitido zelar pelos interesses dessas instituições em Moçambique e informar sobre a realização de operações que elas se proponham realizar.

2. É especialmente vedado aos escritórios de representação:

a) Realizar operações que se integrem no âmbito de actividade das instituições de crédito e sociedades financeiras;

b) Adquirir acções ou partes de capital de quaisquer sociedades nacionais;

c) Adquirir imóveis que não sejam os indispensáveis à sua instalação e funcionamento.

Artigo 39
Poderes de gerência

Os gerentes dos escritórios de representação devem dispor de poderes bastantes para tratar e resolver definitivamente, no país, todos os assuntos que respeitem à sua actividade.

CAPÍTULO V
Registo

Artigo 40
Sujeição a registo

1. As instituições de crédito e sociedades financeiras não podem iniciar a sua actividade enquanto não se encontrarem inscritas em registo especial no Banco de Moçambique.

2. Os factos sujeitos a registo e bem ainda o prazo para a sua efectivação serão estabelecidos nos termos referidos no artigo 118 da presente Lei.

Artigo 41
Recusa de registo

Além de outros casos legalmente previstos, o registo é recusado nos seguintes casos:

a) Quando for manifesto que o facto não está titulado nos documentos apresentados;

b) Quando se verifique que o facto constante do documento já está registado ou não está sujeito a registo;

c) Quando for manifesta a nulidade do facto;

d) Quando se verifique que não está preenchida alguma das condições de que depende a autorização necessária para a constituição ou para o exercício da actividade de instituição de crédito ou sociedade financeira.

CAPÍTULO VI
Regras de Conduta

SECÇÃO I
Deveres gerais

Artigo 42
Competência técnica

As instituições de crédito e sociedades financeiras devem assegurar aos clientes, em todas as actividades que exerçam, elevados níveis de competência técnica, dotando a sua organização empresarial com os meios materiais e humanos necessários para proporcionar condições apropriadas de qualidade e eficiência.

Artigo 43
Relações com os clientes

Nas relações com os clientes, os gestores e empregados das instituições de crédito e sociedades financeiras devem proceder com

168   *Concessão de Crédito e Responsabilidade Bancária*

diligência, neutralidade, lealdade, discrição e respeito pelos interesses que lhes são confiados.

Artigo 44
Regime de taxas de juro e comissões

O Banco de Moçambique define o regime das taxas de juro, comissões e quaisquer formas de remuneração pelas operações efectuadas pelas instituições de crédito e sociedades financeiras.

Artigo 45
Dever de informação

1. As instituições de crédito e sociedades financeiras devem informar as taxas a praticar nas operações activas e passivas que estejam autorizadas a realizar.

2. As instituições de crédito e sociedades financeiras devem informar os clientes sobre o preço dos serviços prestados e outros encargos por eles suportados.

3. O dever de informação abrange ainda esclarecimentos sobre as cláusulas gerais bancárias e informações sobre o extracto da conta bancária, quando solicitadas pelo cliente.

4. O Banco de Moçambique regulamenta, por aviso, os requisitos mínimos que as instituições de crédito e sociedades financeiras devem satisfazer na divulgação ao público das taxas praticadas e das condições em que prestam os seus serviços.

Artigo 46
Defesa da concorrência

1. É proibido às instituições de crédito e sociedades financeiras efectuar transacções ou implementar práticas concertadas que lhes possibilitem, individual ou conjuntamente, o domínio do mercado monetário, financeiro ou cambial.

2. É igualmente proibido às instituições de crédito e sociedades financeiras impor aos seus clientes, como condição para beneficiar dos seus serviços, a utilização dos serviços de uma outra sociedade que seja sua filial ou na qual ela detenha participação qualificada.

3. Para efeitos do n.º 1 do presente artigo, não se consideram restritivos da concorrência os acordos legítimos entre instituições de crédito ou sociedades financeiras e as práticas concertadas que tenham por fim as operações seguintes:

a) Participação em emissões e colocação de valores mobiliários ou instrumentos equiparados;

b) Concessão de crédito ou outros apoios financeiros de elevado montante a uma empresa ou a um conjunto de empresas.

ARTIGO 47

Códigos de conduta

1. O Banco de Moçambique deve estabelecer, por aviso, regras de conduta que considere necessárias para complementar e desenvolver as fixadas no presente diploma.

2. Os códigos de conduta elaborados pelas associações representativas das instituições de crédito e sociedades financeiras serão, obrigatoriamente, remetidos ao conhecimento do Banco de Moçambique.

SECÇÃO II

Segredo profissional

ARTIGO 48

Dever de segredo

1. Os membros dos órgãos de administração ou de fiscalização das instituições de crédito e sociedades financeiras, os seus empregados, mandatários, comissários e outras pessoas que lhes prestem serviços a título permanente ou ocasional não podem revelar ou utilizar informações sobre factos ou elementos respeitantes à vida da instituição ou às relações desta com os seus clientes cujo conhecimento lhes advenha exclusivamente do exercício das suas funções ou da prestação dos seus serviços.

2. Estão, designadamente, sujeitos a segredo os nomes dos clientes, as contas de depósito e seus movimentos e outras operações financeiras.

3. O dever de segredo não cessa com o termo das funções ou serviços.

ARTIGO 49

Excepções ao dever de segredo

1. Os factos ou elementos das relações do cliente com a instituição podem ser revelados, mediante autorização do cliente, transmitida por escrito à instituição.

2. Fora do caso previsto no número anterior, os factos e elementos cobertos pelo dever de segredo só podem ser revelados:

a) Ao Banco de Moçambique, no âmbito das suas atribuições;

b) Nos termos previstos na Lei Penal e de Processo Penal;

c) Quando exista outra disposição legal que expressamente limite o dever de segredo;

d) Ao Fundo de Garantia de Depósitos, no âmbito das respectivas atribuições;

e) Quando haja ordem judicial, assinada por um juiz de direito.

3. É lícita, designadamente para efeitos estatísticos, a divulgação de informações, em forma sumária ou agregada e que não permita identificação individualizada de pessoas ou instituições.

ARTIGO 50

Informações sobre riscos

Independentemente do estabelecido quanto à centralização dos elementos informativos respeitantes ao risco de crédito, as instituições de crédito podem organizar, sob regime de segredo, um sistema de informações recíprocas com o fim de garantir a segurança das operações.

SECÇÃO III
Conflitos de interesses

Artigo 51
Crédito correlacionado

1. As instituições de crédito e sociedades financeiras não podem conceder crédito, sob qualquer forma ou modalidade, incluindo a prestação de garantias e, quer directa, quer indirectamente, aos membros dos seus órgãos sociais nem a sociedades ou outros entes colectivos por eles directa ou indirectamente dominados.

2. Presume-se o carácter indirecto da concessão de crédito quando o beneficiário seja cônjuge, parente até ao 2.º grau ou afim em 1.º grau de algum dos membros dos órgãos de administração ou fiscalização ou uma sociedade directa ou indirectamente dominada por alguma daquelas pessoas.

3. Para efeitos deste artigo, é equiparada à concessão de crédito a aquisição de partes de capital em sociedades ou outros entes colectivos referidos nos números anteriores.

4. Ressalvam-se do disposto nos números anteriores as operações de carácter ou finalidade social ou decorrentes da política de pessoal.

5. O disposto nos n.os 1 a 3 não se aplica às operações de concessão de crédito de que sejam beneficiárias instituições de crédito e sociedades financeiras que se encontrem incluídas no perímetro de supervisão em base consolidada a que esteja sujeita a instituição de crédito ou sociedade financeira em causa.

6. Os membros do órgão de administração ou de fiscalização não podem participar na apreciação e decisão das operações de concessão de crédito a sociedades ou outros entes colectivos não incluídos no n.º 1 de que sejam gestores ou em que detenham participações qualificadas, exigindo-se em todas estas situações a aprovação de pelo menos dois terços dos membros do órgão de administração e o parecer favorável do órgão de fiscalização.

7. As instituições de crédito e sociedades financeiras só podem conceder crédito, sob qualquer forma ou modalidade, quer às entidades que nelas, directamente ou indirectamente, detenham participa-

ções qualificadas, quer às entidades onde detenham participações qualificadas, nos termos e condições fixados pelo Banco de Moçambique.

Artigo 52
Outras operações

Os membros dos órgãos sociais, os directores e outros empregados, os consultores e mandatários das instituições de crédito e sociedades financeiras, são considerados entidades correlacionadas, não podendo intervir na apreciação e decisão das operações em que sejam directa ou indirectamente interessados os próprios, seus cônjuges, parentes até ao 2.º grau ou afins em 1.º grau, ou sociedades ou outros entes colectivos que uns ou outros directa ou indirectamente dominem.

CAPÍTULO VII
Normas Prudenciais e Supervisão

SECÇÃO I
Princípios gerais

Artigo 53
Eliminado

Artigo 54
Orientação e fiscalização do mercado

Compete ao Banco de Moçambique a orientação e fiscalização do mercado monetário, financeiro e cambial, tendo em atenção a política económica e social do Governo.

Artigo 55
Supervisão

1. A supervisão das instituições de crédito e das sociedades financeiras com sede em Moçambique, bem como a supervisão das sucursais e escritórios de representação em Moçambique de instituições de crédito e sociedades financeiras com sede no estrangeiro, incumbe ao Banco de Moçambique, de acordo com a sua Lei Orgânica e o presente diploma.

2. Compete ao Banco de Moçambique definir os termos e condições em que as instituições de crédito e sociedades financeiras, bem como as entidades a elas ligadas por relações de proximidade, de domínio ou de grupo, são sujeitas a supervisão em base consolidada.

3. No exercício das funções de supervisão, os funcionários do Banco de Moçambique são equiparados aos funcionários públicos, gozando dos poderes e atributos dos agentes de autoridade, sendo-lhes também aplicável o respectivo regime penal.

4. Os funcionários do Banco de Moçambique não podem ser responsabilizados pelos actos que pratiquem à luz da presente Lei, desde que ajam de boa fé.

5. O disposto no presente artigo aplica-se às acções de supervisão levadas a cabo por terceiros, individuais ou empresas, contratados pelo Banco de Moçambique e agindo em seu nome.

Artigo 56
Dever de segredo das autoridades de supervisão

1. As pessoas que exerçam ou tenham exercido funções no Banco de Moçambique, bem como as que lhe prestem ou tenham prestado serviços a título permanente ou ocasional, ficam sujeitas a dever de segredo sobre factos cujo conhecimento lhes advenha exclusivamente do exercício dessas funções ou da prestação desses serviços e não podem divulgar nem utilizar as informações obtidas.

2. Os factos e elementos cobertos pelo dever de segredo só podem ser revelados mediante autorização do interessado, transmitida por escrito ao Banco de Moçambique ou nos termos previstos na Lei Penal e no Processo Penal.

Artigo 57
Cooperação com outras entidades

1. O disposto nos artigos anteriores não obsta, igualmente, que o Banco de Moçambique troque informações com as seguintes entidades:

a) Autoridades intervenientes em processos de liquidação de instituições de crédito e sociedades financeiras;

b) Pessoas encarregadas do controlo legal das contas das instituições de crédito e sociedades financeiras;

c) Autoridades de supervisão de outros Estados, em regime de reciprocidade, quanto às informações necessárias à supervisão das instituições de crédito e sociedades financeiras com sede em Moçambique e das instituições de natureza equivalente com sede naqueles Estados, no âmbito de acordos de cooperação que o Banco haja celebrado.

2. O Banco de Moçambique pode também trocar informações com autoridades, organismos e pessoas que exerçam funções equivalentes às das entidades mencionadas nas alíneas *a)* e *b)* do número anterior em outros países, devendo, neste caso, observar-se o disposto na alínea *c)* do mesmo número.

3. Ficam sujeitas a dever de segredo todas as autoridades, organismos e pessoas que participem nas trocas de informações referidas nos números anteriores.

4. As informações recebidas pelo Banco de Moçambique nos termos do presente artigo só podem ser utilizadas:

a) Para exame das condições de acesso à actividade das instituições de crédito e das sociedades financeiras;

b) Para supervisão da actividade das instituições de crédito e sociedades financeiras, nomeadamente quanto a liquidez, solvabilidade, grandes riscos, organização administrativa e contabilística e controlo interno;

c) Para aplicação de sanções;

d) No âmbito de recursos interpostos de decisões do Banco de Moçambique, tomadas nos termos das disposições aplicáveis às entidades sujeitas à supervisão deste.

Artigo 58
Cooperação com outros países

Os acordos de cooperação referidos na alínea *c)* do n.º 1 e no n.º 2 do artigo anterior só podem ser celebrados quando as informações a prestar beneficiem de garantias de segredo pelo menos equivalentes às estabelecidas no presente diploma.

Artigo 59
Fundo de Garantia de Depósitos

Compete ao Governo criar um Fundo com o objectivo de garantir o reembolso de depósitos constituídos nas instituições participantes, bem assim fixar as normas para o seu funcionamento.

SECÇÃO II
Normas prudenciais

Artigo 60
Princípio geral

As instituições de crédito e sociedades financeiras devem aplicar os fundos de que dispõem de modo a assegurar a todo o tempo níveis adequados de liquidez e solvabilidade.

Artigo 61
Capital

1. Compete ao Banco de Moçambique fixar, por aviso, o capital social mínimo das instituições de crédito e sociedades financeiras.

2. As instituições de crédito e sociedades financeiras constituídas por modificação do objecto de uma sociedade, por fusão de duas ou mais ou por cisão, devem ter, no acto da constituição, capital social não inferior ao mínimo estabelecido nos termos do número anterior, não podendo também os seus fundos próprios serem inferiores àquele mínimo.

Artigo 62

Fundos próprios

1. O Banco de Moçambique, por aviso, fixará os elementos que podem integrar os fundos próprios das instituições de crédito e sociedades financeiras e ainda das sucursais em Moçambique de instituições de crédito e sociedades financeiras com sede no estrangeiro, definindo as características que os mesmos devem revestir.

2. Os fundos próprios não podem tornar-se inferiores ao montante de capital social exigido nos termos do artigo 61.

3. Verificando-se diminuições dos fundos próprios abaixo do referido montante, o Banco de Moçambique pode, sempre que as circunstâncias o justifiquem, conceder à instituição um prazo limitado para que regularize a situação.

Artigo 63

Reservas

1. Uma fracção não inferior a 15% dos lucros líquidos apurados em cada exercício pelas instituições de crédito e sociedades financeiras deve ser destinada à formação de uma reserva legal até ao limite do capital social.

2. Devem ainda as instituições de crédito e sociedades financeiras constituir reservas especiais destinadas a reforçar a situação líquida ou a cobrir prejuízos que a conta de lucros e perdas não possa suportar.

3. O Banco de Moçambique poderá estabelecer critérios, gerais ou específicos, de constituição e aplicação das reservas mencionadas no número anterior.

Artigo 64

Relações e limites prudenciais

Compete ao Banco de Moçambique definir, por aviso, as relações a observar entre as rubricas patrimoniais e extrapatrimoniais e estabelecer limites prudenciais à realização de operações que as instituições de crédito e sociedades financeiras estejam autorizadas a praticar.

Artigo 65
Autorizações e comunicações relativas à alienação de participações qualificadas

1. Os sócios ou accionistas que pretendam alienar partes sociais em instituições de crédito e sociedades financeiras, consideradas participações qualificadas nos termos desta lei, devem requerer a autorização prévia do Banco de Moçambique, indicando no seu pedido o montante da participação, e instruindo-o, para além do projecto, com os elementos referidos na alínea *e)* do n.º 1 ou no n.º 2 do artigo 14, consoante o adquirente seja pessoa singular ou colectiva.

2. Quando se trate de aumento de participação ou entrada de novo sócio ou accionista decorrente de aumento do capital social, a solicitação prévia de autorização referida no número anterior é feita pela própria instituição de crédito ou sociedade financeira.

3. O disposto neste artigo aplica-se ainda à transmissão de participações que possibilitem aos que pretendem aumentá-la, atingir 10% ou 50% do capital social ou dos direitos de voto ou ainda a transformação da instituição participada em filial da entidade adquirente, ou ainda, com as necessárias adaptações, quando provoque naqueles que alienam uma diminuição da sua participação a um nível inferior a qualquer dos limiares acima indicados ou de tal modo que a instituição deixe de ser sua filial.

Artigo 65A
Decisão sobre pedido de autorização para alienação de participações qualificadas

1. O Banco de Moçambique deve comunicar ao requerente, no prazo máximo de 45 dias, a decisão sobre o pedido de autorização de alienação de participação qualificada.

2. A autorização não é concedida quando não se considerar demonstrado que o adquirente em causa ou as características do seu projecto reúnem condições que garantam uma gestão sã e prudente da instituição de crédito ou sociedade financeira.

3. Considera-se que tais condições não existem quando se verifique alguma das seguintes circunstâncias:

a) se o modo como a pessoa em causa gere habitualmente os seus negócios ou a natureza da sua actividade profissional revelarem propensão acentuada para assumir riscos excessivos;

b) se for inadequada a situação económico-financeira da pessoa em causa, em função do montante da participação que se propõe deter;

c) se o Banco de Moçambique tiver fundadas dúvidas sobre a licitude da proveniência dos fundos utilizados na aquisição da participação, ou sobre a verdadeira identidade do titular desses fundos;

d) se a estrutura e as características do grupo empresarial em que a instituição de crédito ou sociedade financeira passaria a estar integrada inviabilizarem uma supervisão adequada;

e) se a pessoa em causa recusar condições necessárias ao saneamento da instituição de crédito que tenham sido previamente estabelecidas pelo Banco de Moçambique;

f) se a pessoa em causa tiver sido, nos últimos cinco anos, objecto de sanção prevista na alínea *e)* do n.º 1 do artigo 109;

g) tratando-se de pessoa singular, se se verificar relativamente a ela algum dos factos que indiciem falta de idoneidade nos termos do artigo 19.

4. Quando a entidade adquirente seja instituição de crédito ou sociedade financeira com sede no estrangeiro ou empresa-mãe de instituição nestas condições, ou pessoa singular ou colectiva que domine instituição de crédito ou sociedade financeira com sede no estrangeiro e se, por força da operação projectada, a instituição de crédito ou sociedade financeira em que a participação venha a ser detida se transformar em sua filial, o Banco de Moçambique, para apreciação do projecto, solicita parecer da autoridade de supervisão do país de origem.

5. Quando autorize a alienação, o Banco de Moçambique pode fixar prazo razoável para a realização da operação projectada, entendendo-se, nos casos em que nada disser, que aquele é de um ano.

6. Para além dos elementos de informação referidos no n.º 1 do artigo 65, com que os interessados devem instruir o pedido prévio de

autorização para alienação de participação qualificada, o Banco de Moçambique pode ainda exigir quaisquer outros que considere necessários à sua apreciação.

7. Uma vez celebrados os actos de concretização da alienação ou aumento de participação sujeita a autorização prévia nos termos do artigo 65, devem os mesmos ser comunicados ao Banco de Moçambique no prazo de 15 dias.

ARTIGO 66

Comunicação subsequente

Sem prejuízo da comunicação prevista nos artigos 65 e 65A, os factos de que resulte, directa ou indirectamente, a detenção de participação qualificada numa instituição de crédito ou numa sociedade financeira, ou o seu aumento, devem ser notificados pelo interessado ou pela instituição ao Banco de Moçambique, no prazo de trinta dias a contar da data em que os mesmos factos se verificarem.

ARTIGO 67

Comunicação pelas instituições

Em Maio de cada ano, as instituições de crédito e sociedades financeiras comunicam ao Banco de Moçambique a identidade dos detentores de participações qualificadas e o montante das respectivas participações.

ARTIGO 68

Inibição dos direitos de voto

Sem prejuízo das sanções aplicáveis, a transmissão, ou o aumento ou diminuição nos termos do n.º 3 do artigo 65, de participação qualificada, sem autorização do Banco de Moçambique ou que o Banco de Moçambique tenha recusado, determinam inibição do direito de voto na parte que exceda o limite mais baixo que tiver sido ultrapassado.

Artigo 69
Cessação da inibição

Em caso de inobservância do disposto no n.º 1 do artigo 65, cessa a inibição se o interessado proceder posteriormente à comunicação em falta e o Banco de Moçambique não deduzir oposição.

Artigo 70
Registo de acordos parassociais

1. Os acordos parassociais entre accionistas de instituições de crédito e sociedades financeiras relativos ao exercício do direito de voto estão sujeitos a registo no Banco de Moçambique, sob pena de ineficácia.

2. O registo pode ser requerido por qualquer das partes do acordo.

Artigo 71
Regras de contabilidade e publicação

Compete ao Banco de Moçambique estabelecer normas de contabilidade aplicáveis às instituições sujeitas à sua supervisão, bem como definir os elementos que as mesmas instituições lhe devem remeter e os que devem publicar.

SECÇÃO III
Supervisão

Artigo 72
Procedimentos de supervisão

No desempenho das suas funções de supervisão, compete em especial ao Banco de Moçambique:

a) Acompanhar a actividade das instituições de crédito e sociedades financeiras;

b) Zelar pela observância das normas que disciplinam a actividade das instituições de crédito e sociedades financeiras;

c) Emitir recomendações para que sejam sanadas as irregularidades detectadas;
d) Tomar providências extraordinárias de saneamento;
e) Sancionar as infracções.

Artigo 73
Gestão sã e prudente

1. Sem prejuízo da aplicação das sanções que ao caso caibam, se as condições em que decorre a actividade de uma instituição de crédito ou de uma sociedade financeira não respeitarem as regras de uma gestão sã e prudente, o Banco de Moçambique deve notificá-la para, no prazo que lhe fixar, tomar as providências necessárias para restabelecer ou reforçar o equilíbrio financeiro, ou corrigir os métodos de gestão, podendo inclusivamente recomendar a substituição ou o afastamento do gestor responsável, se for caso disso.

2. Sempre que tiver conhecimento do projecto de uma operação por uma instituição de crédito ou sociedade financeira que, no seu entender, seja susceptível de implicar a violação ou o agravamento da violação de regras prudenciais aplicáveis ou infringir as regras de uma gestão sã e prudente, o Banco de Moçambique deve notificar essa instituição para se abster de realizar tal operação.

Artigo 74
Dever de informação

1. As instituições de crédito e sociedades financeiras são obrigadas a apresentar ao Banco de Moçambique as informações que este considere necessárias à verificação do seu grau de liquidez e solvabilidade, dos riscos em que incorrem, do cumprimento das normas legais e regulamentares que disciplinem a sua actividade, da sua organização administrativa e da eficácia dos seus controlos internos.

2. As entidades que detenham participações qualificadas no capital de instituições de crédito e sociedades financeiras, e que não estejam abrangidas pelo número precedente, são obrigadas a fornecer ao Banco de Moçambique todos os elementos ou informações que o mesmo considere relevantes para supervisão da instituição em que participam.

Artigo 75
Inspecções

As instituições de crédito e sociedades financeiras facultam ao Banco de Moçambique a inspecção dos seus estabelecimentos e o exame da escrita no local, assim como todos os outros elementos que o Banco de Moçambique considere relevantes para a verificação dos aspectos mencionados no artigo anterior.

Artigo 76
Centralização de riscos de crédito

O Banco de Moçambique promove a centralização dos elementos informativos respeitantes ao risco da concessão e aplicação de créditos os quais poderão ser facultados às instituições de crédito e às sociedades financeiras, nos termos estabelecidos em regulamento específico.

Artigo 77
Auditores externos

1. A actividade das instituições de crédito e sociedades financeiras deve estar sujeita a auditoria externa de uma empresa reconhecida em Moçambique, a qual deve comunicar ao Banco de Moçambique as infracções graves às normas legais e regulamentares relevantes para a supervisão, que detecte no exercício da sua actividade.

2. Sem prejuízo do disposto no número anterior, o Banco de Moçambique pode, excepcionalmente, mandar efectuar auditoria externa a uma instituição de crédito ou uma sociedade financeira, ficando os custos referentes a essa actividade por conta da instituição em causa.

Artigo 78
Actuação contra entidades não habilitadas

1. Quando haja fundadas suspeitas de que uma entidade não habilitada exerce ou exerceu alguma actividade reservada às instituições de crédito ou às sociedades financeiras, o Banco de Moçambique deve exigir que ela apresente os elementos necessários ao esclareci-

mento da situação, bem como realizar inspecções no local onde indiciariamente tal actividade seja ou tenha sido exercida, ou onde suspeite que se encontrem elementos relevantes para o conhecimento da mesma actividade.

2. Sem prejuízo da legitimidade atribuída pela lei a outras pessoas, o Banco de Moçambique pode requerer a dissolução e liquidação de sociedade ou outro ente colectivo, bem como a extinção e encerramento de estabelecimento, que sem estar habilitado, pratique operações reservadas às instituições de crédito e sociedades financeiras.

Artigo 79
Actuação e colaboração das autoridades policiais

1. Sem prejuízo do disposto no artigo anterior, as autoridades policiais, no quadro das suas atribuições e competências, devem garantir o cumprimento rigoroso da presente Lei, actuando contra as entidades não habilitadas que exerçam actividades reservadas às instituições de crédito e sociedades financeiras.

2. As autoridades policiais devem igualmente prestar ao Banco de Moçambique a colaboração que este lhes solicite no âmbito das suas atribuições de supervisão.

Artigo 80
Apreensão de documentos e valores

No decurso das inspecções a que se refere o n.º 1 do artigo 78, pode o Banco de Moçambique proceder à apreensão de quaisquer documentos ou valores que constituam objecto, instrumento ou produto de infracção ou que se mostrem necessários à instrução do respectivo processo.

CAPÍTULO VIII
Saneamento

Artigo 81
Finalidade das providências de saneamento

1. Tendo em vista a protecção dos interesses dos depositantes, investidores e outros credores e a salvaguarda das condições normais de funcionamento do mercado monetário, financeiro ou cambial, o Banco de Moçambique pode adoptar, relativamente às instituições de crédito e sociedades financeiras com sede em Moçambique, providências extraordinárias de saneamento.

2. Não se aplicam às instituições de crédito e sociedades financeiras os regimes gerais relativos aos meios preventivos de declaração de falência.

3. O saneamento inicia-se com a determinação, pelo Banco de Moçambique, de alguma das providências extraordinárias de saneamento indicadas no artigo 83, devendo informar-se expressamente a instituição de crédito ou sociedade financeira em causa do saneamento financeiro a que fica sujeita a partir daquela data, bem como notificá-la aquando do seu termo, quando se ultrapassem as causas que o ditaram.

Artigo 82
Dever de comunicação

1. Quando uma instituição de crédito ou uma sociedade financeira se encontre impossibilitada de cumprir as suas obrigações, ou em risco de o ficar, o órgão de administração ou de fiscalização deve comunicar imediatamente o facto ao Banco de Moçambique.

2. Os membros dos órgãos de administração e de fiscalização estão individualmente obrigados à comunicação referida no número anterior, devendo fazê-lo por si próprios se o órgão a que pertencem a omitir ou a diferir.

3. A comunicação deve ser acompanhada ou seguida, com a maior brevidade, de exposição das razões determinantes da situação criada e da relação dos principais credores, com indicação dos respectivos domicílios.

Artigo 83
Providências extraordinárias de saneamento

1. Quando uma instituição de crédito ou sociedade financeira se encontre em situação de desequilíbrio financeiro, traduzido, designadamente, na redução dos fundos próprios a um nível inferior ao mínimo legal ou na inobservância dos rácios de solvabilidade ou de liquidez, o Banco de Moçambique pode determinar, no prazo que fixar, a aplicação de algumas ou de todas as seguintes providências extraordinárias de saneamento:

   a) Apresentação pela instituição em causa de um plano de recuperação e saneamento;
   b) Restrições ao exercício de determinados tipos de actividade;
   c) Restrições à concessão de crédito e à aplicação de fundos em determinadas espécies de activos;
   d) Restrições à recepção de depósitos, em função das respectivas modalidades de remuneração;
   e) Imposição da constituição de provisões especiais;
   f) Proibição ou limitação da distribuição de dividendos;
   g) Sujeição de certas operações ou certos actos à prévia aprovação do Banco de Moçambique.

2. O Banco de Moçambique pode estabelecer as condições que entenda convenientes para a aceitação do plano de recuperação e saneamento referido na alínea a) do número anterior, designadamente aumento ou redução do capital, alienação de participações sociais e outros activos.

Artigo 84
Designação de administradores provisórios

1. No decurso do processo de saneamento, o Banco de Moçambique pode designar para a instituição de crédito ou para a sociedade financeira um ou mais administradores provisórios que têm, de entre outros, os poderes e deveres conferidos pela lei e pelos estatutos aos membros do órgão de administração.

2. Sempre que considere que a continuidade em funções de algum, vários ou todos os membros do órgão de administração é

186   *Concessão de Crédito e Responsabilidade Bancária*

susceptível de perturbar ou prejudicar o trabalho dos administradores provisórios, o Banco de Moçambique pode recomendar o seu afastamento.

Artigo 85
Designação de comissão de fiscalização

1. O Banco de Moçambique pode, juntamente ou não com a designação de administradores provisórios, nomear uma comissão de fiscalização.

2. A comissão de fiscalização será composta por:

a) Um elemento designado pelo Banco de Moçambique, que presidirá à comissão;

b) Um elemento designado pela assembleia geral;

c) Um auditor de contas independente designado pelo Banco de Moçambique.

3. A falta de designação do elemento referido na alínea *b)* do número anterior não obsta ao exercício das funções da comissão de fiscalização.

4. A comissão de fiscalização tem os poderes e deveres conferidos por lei ou pelos estatutos ao conselho fiscal ou ao auditor de contas, consoante a estrutura da sociedade, os quais ficam suspensos pelo período que durar a sua actividade.

Artigo 86
Subsistência das providências extraordinárias

As providências extraordinárias reguladas no presente capítulo subsistem apenas enquanto se verificar a situação que as tiver determinado.

Artigo 87
Suspensão de execução e prazos

Quando for adoptada providência extraordinária de designação de administradores provisórios, e enquanto ela durar, ficam suspensas todas as execuções, contra a instituição, ou que abranjam os seus bens, sem excepção das que tenham por fim a cobrança de créditos com preferência ou privilégio, e são interrompidos os prazos de prescrição ou de caducidade oponíveis pela instituição.

Artigo 88
Aplicação de sanções

A adopção de providências extraordinárias de saneamento não obsta a que, em caso de infracção, sejam aplicadas as sanções previstas na lei.

Artigo 89
Regime de liquidação

Verificando-se que, com as providências extraordinárias adoptadas, não foi possível recuperar a instituição, é revogada a autorização para o exercício da respectiva actividade e segue-se o regime de liquidação estabelecido na legislação aplicável.

Artigo 90
Sucursais

O disposto no presente capítulo é aplicável, com as devidas adaptações, às sucursais de instituições de crédito e sociedades financeiras com sede no estrangeiro.

CAPÍTULO IX
Infracções

SECÇÃO I
Disposições gerais

Artigo 91
Direito aplicável

As infracções previstas no presente capítulo regem-se pelas disposições nele contidas e, subsidiariamente, pela lei penal geral.

Artigo 92

Aplicação no espaço

Para além do disposto no Código Penal, em termos de aplicação da Lei Penal no espaço, as disposições do presente capítulo são aplicáveis aos actos praticados em território estrangeiro de que sejam responsáveis instituições de crédito ou sociedades financeiras com sede em Moçambique e que ali actuem por intermédio de sucursais, bem como indivíduos que, em relação a tais entidades e independentemente da sua nacionalidade, se encontrem em alguma das situações previstas no n.º 1 do artigo 95.

Artigo 93

Responsáveis

Pela prática das infracções a que se refere a presente secção podem ser responsabilizadas, conjuntamente ou não, pessoas singulares ou colectivas, ainda que irregularmente constituídas, e associações sem personalidade jurídica.

Artigo 94

Responsabilidade dos entes colectivos

1. As pessoas colectivas, ainda que irregularmente constituídas, e as associações sem personalidade jurídica são responsáveis pelas infracções cometidas pelos membros dos respectivos órgãos e pelos titulares de cargos de direcção, chefia ou gerência, no exercício das suas funções, bem como pelas infracções cometidas por representantes do ente colectivo em actos praticados em nome e no interesse deste.

2. A ineficácia jurídica dos actos em que se funde a relação entre o agente individual e o ente colectivo não obsta a que seja aplicado o disposto no número anterior.

Artigo 95

Responsabilidade dos agentes individuais

1. A responsabilidade do ente colectivo não exime de responsabilidade individual os membros dos respectivos órgãos, que exerçam cargos de gestão ou os que actuem em sua representação, legal ou voluntária.

2. Não obsta à responsabilidade dos agentes individuais que representem outrem o facto de o tipo legal de ilícito requerer determinados elementos pessoais e estes só se verificarem na pessoa do representado, ou requerer que o agente pratique o acto no seu interesse tendo o representante actuado no interesse do representado.

Artigo 96
Tentativa e crime frustrado

Nas infracções previstas na presente Lei a tentativa e o crime frustrado serão sempre puníveis, mas a pena não poderá, em qualquer dos casos, exceder metade do máximo legalmente previsto para a infracção consumada.

Artigo 97
Cumprimento do dever omitido

Sempre que a infracção resulte da omissão de um dever, a aplicação da sanção e o pagamento da multa não dispensam o infractor do seu cumprimento, se este ainda for possível.

SECÇÃO II
Crimes

Artigo 98
Actividade ilícita de recepção de depósitos
e outros fundos reembolsáveis

Aquele que exercer actividade que consista em receber do público, por conta própria ou alheia, depósitos ou outros fundos reembolsáveis, sem que para tal exista a necessária autorização, e não se verificando nenhuma das situações previstas no n.º 3 do artigo 7, será punido com prisão de um a dois anos e multa correspondente.

Artigo 99
Exercício de outras actividades reservadas
às instituições de crédito ou às sociedades financeiras

Incorrem em crime, punível com a pena do parágrafo 2.º do artigo 236 do Código Penal, os que, não estando para tal autorizados, exercerem as actividades reservadas às instituições de crédito ou às sociedades financeiras.

Artigo 100
Desobediência

São consideradas desobediência, punível nos termos do artigo 188 do Código Penal, as seguintes acções:

a) O exercício de quaisquer cargos ou funções em instituições de crédito e sociedades financeiras, em violação de proibições legais ou à revelia da oposição expressa do Banco de Moçambique;

b) A inobservância da inibição do exercício de direitos de voto.

Artigo 101
Resistência

A recusa ou obstrução ao exercício da actividade de inspecção do Banco de Moçambique é punível nos termos do artigo 186 do Código Penal.

Artigo 102
Violação de sigilo profissional

É aplicável a disposição do artigo 290 do Código Penal à violação das normas de sigilo profissional fixadas na presente lei.

Artigo 103
Falsificação da contabilidade e outros
documentos inerentes à actividade bancária

Os gestores e empregados de instituições de crédito e sociedades financeiras que falsifiquem a contabilidade, bem como outros documentos relativos à sua actividade serão punidos com a pena prevista no artigo 219 do Código Penal.

Artigo 104
Gestão ruinosa

Os membros dos órgãos sociais das instituições de crédito e sociedades financeiras que pratiquem actos dolosos de gestão ruinosa em detrimento de depositantes, investidores e demais credores serão punidos com a pena aplicável à falência fraudulenta.

Artigo 105
Falsas declarações

A prestação de falsas declarações ao Banco de Moçambique, no exercício das atribuições que lhe são conferidas pela presente Lei, é punível nos termos do artigo 242 do Código Penal.

SECÇÃO III
Contravenções

SUBSECÇÃO I
Classificação e sanções

Artigo 106
Contravenções em geral

Constituem contravenções, puníveis com multa de dez a cem milhões de meticais ou de quarenta a quatrocentos milhões de meticais, consoante seja aplicada a pessoa singular ou colectiva, as infracções adiante referidas:

a) O exercício da actividade com inobservância das normas sobre registo no Banco de Moçambique;

b) A violação das normas relativas à subscrição ou realização do capital social, quanto ao prazo, montante e forma de representação;

192 *Concessão de Crédito e Responsabilidade Bancária*

c) A infracção às regras sobre o uso de denominações constantes dos artigos 10 e 29 da presente Lei;

d) A omissão, nos prazos legais, de publicações obrigatórias;

e) A omissão de informações e comunicações devidas ao Banco de Moçambique, nos prazos estabelecidos, e a prestação de informações incompletas;

f) A violação dos preceitos imperativos desta Lei e da legislação específica que rege a actividade das instituições de crédito e sociedades financeiras, não previstas nas alíneas anteriores, bem como dos regulamentos emitidos pelo Banco de Moçambique, em cumprimento ou execução dos referidos preceitos.

ARTIGO 107

Contravenções especialmente graves

São puníveis com multa de vinte a duzentos milhões de meticais ou de cem a mil milhões de meticais, conforme se trate de pessoas singulares ou colectivas, as infracções adiante referidas:

a) Exercício, pelas instituições de crédito ou pelas sociedades financeiras, de actividades não incluídas no seu objecto legal, bem como a realização de operações não autorizadas ou que lhes estejam especialmente vedadas;

b) A realização fraudulenta do capital social;

c) A realização de alterações estatutárias previstas nos artigos 23 e 24, quando não precedidas da devida autorização;

d) A inexistência de contabilidade organizada, bem como a inobservância de outras regras contabilísticas aplicáveis, determinadas por lei ou pelo Banco de Moçambique, quando essa inobservância prejudique o conhecimento da situação patrimonial e financeira da entidade em causa;

e) A inobservância de relações e limites prudenciais constantes do n.º 2 do artigo 62, sem prejuízo do disposto no n.º 3 do mesmo artigo, bem como do artigo 63 ou de outros determinados pelo Banco de Moçambique nos termos do artigo 64, quando dela resulte ou possa resultar grave prejuízo para o equilíbrio financeiro da entidade em causa;

f) As infracções às normas sobre conflitos de interesse referidos nos artigos 51 e 52;

g) A prática, pelos detentores de participações qualificadas, de actos que impeçam ou dificultem, de forma grave, uma gestão sã e prudente da entidade em causa;

h) A omissão da comunicação imediata ao Banco de Moçambique da impossibilidade de cumprimento de obrigações em que se encontre, ou corra risco de se encontrar, uma instituição de crédito ou sociedade financeira, bem como a comunicação desta impossibilidade com omissão das informações requeridas pela Lei;

i) O não cumprimento de determinações do Banco de Moçambique ditadas especificamente, nos termos da lei, para o caso individualmente considerado;

j) A omissão de comunicação ao Banco de Moçambique de factos previstos no n.º 2 do artigo 19, posteriores ao registo da designação de membros de órgãos de administração ou fiscalização de instituições de crédito ou de sociedades financeiras;

k) A prestação de informações incompletas susceptíveis de conduzir a conclusões erróneas;

l) A efectivação das transacções ou a utilização das práticas a que se refere o artigo 46.

Artigo 108

Cobrança coerciva, destino e actualização de multas

1. As multas previstas nesta Lei, quando não pagas voluntariamente dentro dos prazos legais, são objecto dos procedimentos de cobrança coerciva de dívidas ao Estado.

2. Compete ao Conselho de Ministros, por decreto, actualizar os montantes das multas previstas nos artigos anteriores.

3. As multas cobradas ao abrigo da presente Lei constituem receita do Estado, competindo ao Ministro do Plano e Finanças definir as percentagens a reverter para o Banco de Moçambique e para Fundo de Garantia de Depósitos, quando for criado.

Artigo 109
Sanções acessórias

1. Conjuntamente com as multas, nos termos do disposto nos artigos anteriores, podem ser aplicadas aos infractores as seguintes sanções acessórias:

   a) Apreensão e perda do objecto da infracção, incluindo o produto económico desta;

   b) A suspensão, até 1 ano, das autorizações das instituições de crédito e sociedades financeiras;

   c) Publicação pelo Banco de Moçambique da punição definitiva, às custas do condenado;

   d) Quando o arguido seja pessoa singular, inibição do exercício de cargos sociais e de funções de gestão em instituições de crédito e sociedades financeiras, por período de três meses a um ano, em casos previstos no artigo 106, ou de seis meses a três anos, em casos previstos nos artigo 107;

   e) Suspensão do exercício do direito de voto atribuído aos sócios das instituições de crédito e sociedades financeiras, por um período de seis meses a três anos.

2. A publicação a que se refere a alínea *c)* do número anterior é feita num dos jornais mais lidos na localidade da sede ou do estabelecimento permanente do arguido ou, se for uma pessoa singular, na da sua residência.

SUBSECÇÃO II
Processo

Artigo 110
Competência

1. A competência para a tramitação e decisão do processo das contravenções previstas na presente Lei e a aplicação das sanções correspondentes pertence ao Banco de Moçambique.

2. No decurso da averiguação ou da instrução, o Banco de Moçambique pode solicitar às entidades policiais e a quaisquer outros

serviços públicos ou autoridades toda a colaboração ou auxílio que julgue necessários para a realização das finalidades do processo.

3. Se da instrução resultar existir matéria de infracção, é deduzida a acusação a qual é notificada ao arguido, designando-lhes o prazo de dez dias para apresentar defesa por escrito.

4. A notificação faz-se pessoalmente ou por carta registada e com aviso de recepção e, quando o arguido não seja encontrado ou se recuse a receber a notificação ou não seja conhecida a sua morada, seguem-se as regras da citação edital.

5. Sempre que a multa a aplicar não exceda um quinto dos valores máximos indicados nas molduras penais dos artigos 106 e 107, o Banco de Moçambique pode prescindir da dedução prévia da acusação conforme previsto no número 3 deste artigo.

6. Quando use da faculdade conferida pelo número anterior, o Banco de Moçambique notifica o infractor para pagamento da multa no prazo de 10 dias, ou reclamar dentro do mesmo prazo para o Banco de Moçambique, por escrito, querendo, mediante apresentação do comprovativo de depósito de caução no valor da multa, dentro do referido prazo.

7. Em caso de reclamação, esta equivale, para todos os efeitos, à defesa referida no número 3 deste artigo, podendo recorrer-se da decisão que recair sobre a mesma, nos termos do artigo 112.

ARTIGO 111

Apreensão de valores

1. Quando necessários à averiguação ou à instrução do processo, podem ser apreendidos documentos ou valores que constituam objecto da infracção.

2. Os valores apreendidos devem ser depositados numa instituição bancária, à ordem da entidade instrutora, para garantia do pagamento da multa e custas processuais.

SUBSECÇÃO III
Recurso

Artigo 112
Impugnação judicial

1. As decisões condenatórias por contravenções previstas na presente Lei são passíveis de recurso, para o Tribunal Judicial de Província onde tiver ocorrido a infracção, a ser interposto no prazo de quinze dias a partir do seu conhecimento pelo arguido.

2. O recurso tem efeito suspensivo quando o arguido deposite previamente, numa instituição bancária à ordem da entidade instrutora, a importância da multa aplicada, salvo se os valores apreendidos se mostrarem suficientes para o efeito.

Artigo 113
Decisão judicial por despacho

1. O juiz pode decidir por despacho, quando não considere necessária a audiência de julgamento, o arquivamento do processo, a absolvição do arguido ou a manutenção ou alteração da condenação.

2. Em caso de manutenção ou alteração da condenação deve o juiz fundamentar sumariamente a sua decisão, tanto no que concerne aos factos como ao direito aplicado, e as circunstâncias que determinaram a medida da sanção.

3. Em caso de absolvição deve o juiz indicar porque não considera os factos provados.

Artigo 114
Intervenção do Banco de Moçambique na fase contenciosa

O Banco de Moçambique pode sempre participar, através de um representante, no decurso do processo.

CAPÍTULO X
Disposições Finais e Transitórias

Artigo 115
Regime especial para as sociedades financeiras

Por legislação especial, as sociedades financeiras podem ser isentas da aplicação de certas regras referentes à administração e fiscalização, regras de conduta e normas prudenciais e de supervisão.

Artigo 116
Forma e publicidade dos actos do Banco de Moçambique

Os poderes por esta Lei conferidos ao Banco de Moçambique, de emitir normas para o sistema financeiro, são exercidos por meio de Aviso a publicar na primeira série do *Boletim da República*.

Artigo 117
Recurso

Das decisões tomadas no âmbito da presente Lei, em tudo que nela não esteja especialmente regulado, cabe recurso contencioso para o Tribunal Administrativo, com efeitos meramente devolutivos.

Artigo 118
Competência regulamentar

Compete ao Conselho de Ministros regulamentar as matérias contidas na presente Lei.

Artigo 119
Prazo para regulamentação

1. A regulamentação da presente Lei deve ser aprovada no prazo de 90 dias, a contar da data da sua publicação.

2. Salvo quando contrarie as disposições da presente Lei, até à aprovação da regulamentação referida no n.º 1 deste artigo, mantém-se a regulamentação actualmente em vigor.

Artigo 120
Disposição transitória

Sem prejuízo do disposto no artigo 119, as instituições de crédito e sociedades financeiras, bem como as demais entidades abrangidas, têm o prazo de 90 dias para se adequarem às disposições da presente Lei.

Aprovada pela Assembleia da República, aos 30 de Setembro de 1999

O Presidente da Assembleia da República, *Eduardo Joaquim Mulémbwè*.

Promulgada em 1 de Novembro de 1999.

Publique-se

O Presidente da República, *Joaquim Alberto Chissano*

RESOLUÇÃO N.º 11/80
de 31 de Dezembro

É necessário proceder a uma revisão profunda das políticas de crédito e de juros praticadas pela banca, condição para a realização das tarefas que cabem à banca socialista.

Sendo a banca um instrumento para a realização da política financeira do Estado, a sua actividade no sector do crédito deve harmonizar-se com aquela para que, na prática, se materializem os seus objectivos.

Conceder crédito à economia nacional é função importante do sistema bancário socialista. Porém, concentrar na banca os meios monetários temporariamente livres de todas as unidades económicas e a poupança da população não é tarefa menos importante, na medida que são esses recursos que, em conjunto com os do Orçamento do Estado, que constituem o fundo de crédito tão necessário à materialização de empreendimentos e projectos produtivos, pilares do desenvolvimento de uma economia nacional independente avançada e forte.

A vantagem de os depositantes guardarem o seu dinheiro nos bancos reside na segurança total de que passam a beneficiar os valores que lhe são confiados, tanto mais que o Estado garante aos depositantes o reembolso integral dos depósitos efectuados, e ainda, em regra, no recebimento de juros.

É, assim, do interesse de todo o cidadão depositar nos bancos o produto da sua poupança, assim como é dever das unidades económicas depositar as receitas resultantes do exercício da sua actividade.

As medidas legislativas que, nesta área, foram adoptadas pelo Decreto-lei nº. 23/74, de 23 de Novembro, e Portarias nº. 35 e 36/74, de 26 de Novembro, encontram-se grandemente ultrapassadas, pelo que se torna indispensável a definição de uma nova política de crédito e de juros.

A presente resolução estabelece medidas que serão complementadas pelas entidades a quem se defere competência em matéria de crédito e juro.

Os princípios que agora se definem exigem a gestão efectiva das empresas segundo os princípios do cálculo económico. O processo de saneamento económico e financeiro e a organização da contabilidade das empresas são condições importantes para a materialização dos objectivos referidos.

Nestes termos, ao abrigo das alíneas c) e h) do artigo 50 da Constituição, o Conselho de Ministros determina:

CAPÍTULO I
No âmbito do crédito

1. Princípios gerais.

1.1. O crédito é instrumento para a realização dos objectivos da política económica do Partido FRELIMO e a sua concessão deve fundamentar-se nas prioridades do Plano Económico Nacional e apoiar o seu efectivo cumprimento.

1.2. O crédito deve contribuir para o aumento da produção e produtividade com a vista à satisfação das necessidades sempre crescentes no nosso Povo e ao desenvolvimento duma economia independente, avançada e forte.

1.3. O crédito é complemento do autofinanciamento das unidades económicas.

1.4. O sector socialista da economia bem como a realização de objectivos estratégicos do Plano Económico Nacional deverão beneficiar de crédito em condições mais favoráveis.

1.5. As necessidades, a concessão e o reembolso do crédito devem ser planificados e constituem parte integrante dos planos das empresas e dos diferentes ramos da economia nacional.

1.6. À planificação dos créditos estão associadas obrigações importantes:

a) Da empresa, a qual deve planificar os recursos do crédito necessários ao cumprimento do seu plano;

b) Para os bancos, que planificam os recursos disponíveis e a sua aplicação segundo as necessidades de crédito e efectuam o seu balanceamento segundo os diferentes ramos da economia nacional;

c) Para o Banco de Moçambique que, na base do plano de crédito de cada banco elabora o Balanço Nacional dos Créditos como parte integrante do Balanço das finanças do Estado;

d) A prestação de contas sobre a realização dos planos de crédito aprovados.

1.7. As relações de crédito entre os bancos e as unidades económicas devem ser reguladas por contrato.

1.8. O crédito concedido deve ser utilizado para o fim estabelecido no contrato, pelo que os bancos devem controlar rigorosamente a sua aplicação e assegurar o seu reembolso.

1.9. O crédito concedido deve ter cobertura ou garantia material.

1.10. O plano de reembolso do crédito deve ter em conta a natureza da sua aplicação, o resultado da produção e o ciclo do processo produtivo, devendo as amortizações ser pagas nos prazos previamente acordados.

1.11. Todo o crédito é concedido por um prazo determinado e sujeito a juros.

1.12. A banca poderá conceder créditos a população em complemento dos seus recursos monetários.

1.13. O crédito não será concedido no caso em que o respectivo pedido não corresponda às exigências dos princípios gerais referidos nesta resolução.

2. Condições gerais para a concessão de créditos.

2.1. Os créditos podem ser concedidos para investimento, para meios circulantes e para a população.

2.2. As aplicações do crédito para investimento são nomeadamente as seguintes:

Construção e instalação, racionalização, reconstrução e alargamento dos meios básicos, aquisição de equipamento, grandes reparações, medidas para a melhoria das condições da terra, compra de gado para reprodução e tracção, estabelecimento de culturas de carácter multianual ou permanente e construção de habitações.

2.3. Os créditos concedidos ao investimento obedecerão à classificação estabelecida na metodologia do plano de investimento do Estado.

2.4. O crédito ao investimento deve ser aplicado em investimentos reprodutivos com viabilidade fundamentada em estudos técnicos e económicos, contribuindo para:

a) Aumento da capacidade;

b) Aumento da rentabilidade;

c) Redução do tempo da construção e montagem;

d) Aceleração da entrada em funcionamento dos investimentos;

e) Eliminação das existências de equipamento e instalações não utilizadas ou subutilizadas.

2.5. O crédito ao investimento poderá igualmente financiar uma parte dos meios circulantes necessários ao efectivo funcionamento da nova capacidade instalada.

2.6. As aplicações do crédito para os meios circulantes são as seguintes:

a) Os custos para a realização da produção;

b) As despesas para a realização da circulação mercantil;

c) Os meios de apoio à exportação e importação de mercadorias.

2.7. O crédito para meios circulantes deve contribuir para assegurar o normal desenvolvimento da produção e circulação de mercadorias.

2.8. Os meios circulantes necessários ao 1º. ciclo de produção ou actividade das novas unidades estatais na parte que devam ser financiados pelo crédito bancário, beneficiarão de condições especiais de prazo e juro.

2.9. O crédito concedido para meios circulantes deve ter por base uma cobertura material:

a) Matérias-primas e subsidiárias;

b) Produção não acabada;

c) Produtos acabados e mercadorias, bem como as receitas futuras provenientes de venda de mercadorias.

2.10. Os meios circulantes das empresas de comércio, que garantam a constituição de "stocks" de segurança e reguladoras beneficiarão de condições de crédito correspondentes aos respectivos sectores produtivos.

Resolução n.º 11/80 de 31 de dezembro

2.11. As aplicações do crédito à população são as seguintes:

a) Construção, ampliação ou melhoramento de edifícios para habitação de acordo com a planificação e os planos de urbanização definidos;

b) Consumo dirigido.

2.12. O montante de crédito deve ter em conta os recursos próprios dos beneficiários.

2.13. Os beneficiários de crédito têm obrigação de informar sobre todas as divergências positivas ou negativas que possam influenciar o cumprimento do contrato de crédito.

2.14. O pedido de crédito deve ser devidamente fundamentado, e acompanhado do respectivo plano aprovado pelo órgão de tutela.

2.15. O crédito ao investimento é concedido a médio ou a longo prazos.

Em caso algum o período de reembolso deve ser superior ao da vida útil do investimento financiado.

2.16. O crédito para os meios circulantes é concedido a curto prazo. A sua duração, em regra, não pode ser superior a um ano.

2.17. O crédito à população para consumo dirigido é concedido a curto prazo e o crédito à habitação é concedido a médio ou a longo prazos.

2.18. O crédito para campanhas agrárias deve ser reembolsado em regra o mais tardar até ao começo da campanha seguinte.

2.19. Os contratos fixarão as garantias adequadas à cobertura dos créditos.

3. O controlo pela banca.

3.1. A banca deve proceder à análise, apoio e controlo da execução dos planos de crédito e do cumprimento das metas bem como contribuir para o aumento da rentabilidade das empresas. Cabe à banca controlar e analisar na base das relações de crédito:

a) O uso correcto dos créditos;

b) O reembolso dos créditos no prazo estabelecido;

c) O cumprimento das demais condições contratuais.

3.2. A banca tem o direito de acompanhar a actividade dos beneficiários de crédito e de proceder à verificação da sua contabilidade, outros registos e contratos, conferência dos meios básicos e dos investimentos.

3.3. A banca tem o direito de exigir e consultar documentos e relatórios relacionados com o cumprimento dos planos e das condições dos contratos de crédito.

3.4. A banca deve participar no processo de elaboração dos planos de produção e de investimento, com o objectivo de apoiar a formulação dos pedidos de crédito e a organização dos sistemas de controlo.

CAPÍTULO II
No âmbito dos juros

4. As taxas de juro bancárias, estabelecidas em conformidade com o nível dos encargos da economia monetária, devem permitir à banca uma remuneração mínima de modo a poder exercer a sua actividade e assegurar a sua rentabilidade.

4.1. A taxa de juro de depósitos deve contribuir para a mobilização da poupança e de outros recursos monetários temporariamente livres, condicionada, porém, às taxas de juro de crédito que devem contribuir para que as unidades económicas utilizem de forma mais completa e económica possível os recursos próprios e os obtidos por empréstimo.

4.2. Não serão remunerados os depósitos do Estado e os depósitos a prazo das empresas estatais. Em casos especiais, porém, poderão ser remunerados os depósitos a prazo das empresas estatais por decisão do Ministro das Finanças e do Ministro-Governador do Banco de Moçambique, em despacho conjunto.

4.3. Os depósitos em meticais efectuados no Banco de Moçambique não serão remunerados.

5. Compete aos Ministro das Finanças e ao Ministro-Governador do Banco de Moçambique em despacho conjunto e dentro dos limites estabelecidos na presente resolução:

a) Fixar as taxas de juro e comissões a praticar pela banca;

b) Fixar as taxas de refinanciamento;

c) Fixar as taxas de juro de mora a praticar nos contratos celebrados com o sector bancário;

d) Aprovar as políticas sectoriais de crédito;

e) Definir em que termos, prazos e condições serão aplicadas as novas taxas de juro de depósitos e de crédito.

6. São revogados o Decreto-Lei n.º 23/74, de 23 de Novembro, e as Portarias nᵒˢ 35 e 36/74, de 26 de Novembro, e ficam sem efeito quaisquer disposições anteriores que fixem limites máximos de taxas de juro a praticar nas operações bancárias.

7. As dúvidas que se suscitarem na aplicação da presente resolução serão resolvidas por despacho conjunto do Ministro das Finanças e do Ministro-Governador do Banco de Moçambique.

8. A presente resolução entra imediatamente em vigor.

Aprovada pelo Conselho de Ministros.

Publique-se.

O Presidente da República, SAMORA MOISÉS MACHEL.

BIBLIOGRAFIA CITADA

ABREU, Jorge Manuel Coutinho de, "Curso de Direito Comercial", vol. I. Introdução, actos de comércio, comerciantes, empresas, sinais distintivos, 4.ª edição, Almedina, Coimbra, 2003
"Curso de Direito Comercial", vol. II, Das Sociedades, 2.ª reimpressão da edição de 2002, Almedina, 2003.
"Da empresarialidade (as empresas no direito)", Almedina, Coimbra, 1996,

ABREU, Luís Vasconcelos, "Os sindicatos bancários no Direito Português", in "Estudos em Homenagem ao Professor Inocêncio Galvão Telles", II, Direito Bancário, Almedina, Coimbra, 2002, págs. 519-564.

ADOLFO, Santiago Rivero Alemãn, "Disciplina del Crédito Bancario y Protección del consumidor, Aranzadi Editorial, 1995.

AGUIAR, Adelino Lopes, "O dinheiro de plástico – Cartões de crédito e débito – novos meios de pagamento. Legislação", Editor Rei dos Livros, Lisboa, 1990.

ALMEIDA, L. P. Moitinho, "Responsabilidade civil dos bancos pelo pagamento de cheques falsificados", Coimbra Editora, 1994.

ALMEIDA, Margarida Maria Matos Correia Azevedo de, "A responsabilidade civil do banqueiro perante os credores da empresa financiada", Coimbra Editora, 2003.

ALONSO, Javier Prada, "Protección del Consumidor y responsabilidad civil", Marcial Pons, Ediciones Jurídicas y Sociales, Madrid, Barcelona, 1998.

AMARAL, Diogo Freitas do, "Curso de Direito Administrativo", vol. I, Almedina, 2.ª edição, 7.ª reimpressão, 2003.

AMBRÓSIO, Maria, "Le Operazione bancarie in generale", in "Direito Bancário, Actas do Congresso Comemorativo do 150.º aniversário do Banco de Portugal – 22-25 de Outubro de 1996", Revista da Faculdade de Direito da Universidade de Lisboa, Coimbra Editora, 1997.

ANELLI, Franco, "La responsabilità risarcitoria delle banche per illeciti commessi nell'erogazione del credito", Diritto della Banca e del Mercato Finanziario, 1998, págs. 137/60.

ASCENSÃO, José de Oliveira, "O Direito – Introdução e Teoria Geral – Uma Perspectiva Luso-Brasileira", 10.ª Edição Revista, Almedina, Coimbra, 1997.

ATHAYDE, Augusto Albuquerque de, e Athayde, Duarte de, "Curso de Direito Bancário", Vol. I, Coimbra Editora, 1999.

BARATA, Carlos Lacerda, "Contrato de Depósito Bancário", in "Estudos em Homenagem ao Professor Doutor Inocêncio Galvão Telles", Vol. II, Direito Bancário, Almedina, Coimbra, 2002, págs. 7-66.

BIBOLINI, Gian Carlo, "Responsabilita` della banca per finanziamento ad impreditore insolvente", in "Responsabilità contrattuale ed extracontratuale delle banche – Atti del del convegno di studio organizato del Banco di Sardegna in collaborazione con il CIDIS", Alghero, 8-10 Novembre 1998, Milano-Dott. A. Giuffrè Editore, 1986, págs. 29 a 57.

BRIZ, Jaime Santos, "La responsabilidad civil – Temas actuales" – Editorial Montecorvo, S.A., Madrid, 2001.

CAETANO, Marcello, "Princípios Fundamentais de Direito administrativo", Forense, Rio de Janeiro, 1977.

CAMANHO, Paula Ponces, "Do contrato de depósito bancário", Livraria Almedina, Coimbra, 1998.

– "Contrato de depósito bancário, Descoberto em conta – Direito do Banco que paga o cheque não provisionado. Conta solidária", in "Estudos em Homenagem ao Professor Doutor Inocêncio Galvão Telles", vol. II, Direito Bancário, Almedina, 2002.

CAMPOS, Diogo P. Leite de, "A responsabilidade do banqueiro pela concessão ou não concessão de crédito", in ROA, Ano 46, Lisboa, Abril de 1986.

– "A alienação em garantia", in "Estudos em Homenagem ao Banco de Portugal, 150.º.

– Aniversário (1846-1996)", Lisboa, Banco de Portugal, 1998.

CAMPOS, Mónica Horta Neves Leite de, "Crédito por assinatura", ROA, ano 60, Abril de 2000.

CARDOSO, João António Lopes, "Alguns Aspectos da Responsabilidade do Banqueiro", in "Temas de Direito Comercial" (págs 207 e ss), Livraria Almedina, Coimbra, 1986.

CARDOSO, J. Pires, "Noções de Direito Comercial", Editora Rei dos Livros, 13.ª Edição, 1999.

CARESTIA, Luciano, "La Banca e su Regole", Isba – Istituto Studi Bancari e Aziendali, Roma, 1996.

COELHO, Pinto, "Operações de Banco", RLJ, n.º 81, 1998.

CORDEIRO, António Menezes, "Direito das obrigações", Vols. I e II, Ed. da Associação Académica da Faculdade de Direito da Universidade de Lisboa, 1999.

– "Da alteração das circunstâncias – A concretização do artigo 437.º do CC, à luz da jurisprudência posterior a 1974" – Separata dos Estudos em Memória do Prof. Doutor Paulo Cunha, Lisboa, 1987 .

– "Empréstimos "cristal" – natureza e regime", in "O Direito", Ano 127.º, 1995.

– "Da Boa fé no Direito Civil", Colecção Teses, Almedina, Coimbra, 1997.

– "Manual de Direito Bancário", 2.ª Edição, Almedina, Coimbra, 2001.

– "Direito Bancário Privado," in "Direito Bancário, Actas do congresso comemorativos do 150.º Aniversário do BP", Revista da FDUL, Coimbra Editora, 1992.

– "Leis da Banca", Livraria Almedina, Coimbra, 1998.

– Manual de Direito Comercial", I Volume, Almedina, Coimbra, 2001, pág. 525.

– "Da responsabilidade civil dos administradores das sociedades comerciais", Lex, Lisboa, 1997.

– "Concessão de crédito e responsabilidade bancária", in "Banca, Bolsa e Crédito", I volume – Livraria Almedina, Coimbra, 1990, págs. 9 a 61.

COSTA, Mário Júlio de Almeida, "Direito das obrigações", 7.ª Edição – Revista e Actualizada (Reimpressão), Livraria Almedina, Coimbra, 1999.

CUOCUO, Giancarlo Lo, "Responsabilità della banca per concessione abusiva di credito", in "Responsabilità contrattuale ed extracontratuale delle banche – Atti del del convegno di studio organizato del Banco di Sardegna in collaborazione con il CIDIS", Alghero, 8-10 November 1998, Milano-Dott. A. Giuffrè Editore, 1986, págs. 211 a 233.

FARIA, Manuel Veiga de, "Algumas questões em terno da responsabilidade civil dos bancos pela concessão ou recusa de crédito e por informações, conselhos ou recomendações", in RB n.º 35, Julho/Setembro de 1995.

FERREIRA, Eduardo Paz, "Direito da Economia", Reimpressão, Associação Académica da Faculdade de Direito, Lisboa, 2002.

FLORES, Mónica Fleitas e Montenegro, Alicia Ferrer, "Responsabilidad de los bancos por la concesion del credito abusivo", Revista de Derecho Comercial y dela Empresa n.º 31-33, Julio-Diciembre, 1984.

FRADA, Manuel A. Carneiro da, "Contrato e deveres de protecção", Separata do BFDUC, Coimbra, 1994.

– "Teoria da Confiança e Responsabilidade Civil", Colecção Teses, Almedina, 2004.

– "Uma "terceira via" no direito da responsabilidade civil?" Coimbra, Almedina, 1997.

FUENTE, Evra Frades de la, "La responsabilidade profesional frente a terceros por consejos negligentes", Dykinson, 1999.

GALVÃO, Sofia de Sequeira, "Da responsabilidade civil do banco por informações – Dissertação de Mestrado em Ciências Jurídicas" – Faculdade de Direito de Lisboa, 1994.

– "Reflexões acerca da responsabilidade do comitente no Direito Civil Português – a propósito do contributo civilista para a dogmática da imputação" – Associação Académica da Faculdade de Direito de Lisboa, 1990.

GARRIQUES, Joaquin, "Curso de Derecho Mercantil", Tomo II, 7.ª Edición, Revisada con la colaboración de Fernando Sanchez Calero, Madrid, 1980.

GELPI, Rosa-Maria e JULIEN-LABRUYÈRE, François, "História do Crédito ao Consumo", Principia, 1.ª edição, 2000.

GUEDES, Agostinho Cardoso, "A responsabilidade do banco por informações à luz do artigo 485.º do Código Civil", RDE 14, 1988.

HORSTER, Heinrich Ewald, "A Parte Geral do Código Civil Português – Teoria Geral do Direito Civil, Almedina, 2000.

JORGE, Pessoa, "Ensaio sobre os pressupostos da responsabilidade civil", Coimbra, Almedina, 1995 (reimpressão).

JÚNIOR, E. Santos, "Da responsabilidade civil de terceiro por lesão do direito de crédito", Colecção Teses, Almedina, 2003.

LEFEBVRE, Francis, "Responsabilidad de los administradores – Levantamiento de velo", Atualizado a 1 de Mayo de 2000.

LEITÃO, Luís Manuel Teles de Menezes, "Informação Bancária e responsabilidade", in "Estudos em Homenagem ao Professor Inocêncio Galvão Telles", vol. II, Direito Bancário, Almedina, Dezembro de 2002.

– "Direito da Obrigações, Introdução, Da Constituição das Obrigações", Vol. I, 3.ª Edição, Almedina, 2003.

– "Direito das Obrigações, vol. II – Transmissão e extinção das obrigações – Não cumprimento e garantias do crédito" – 2.ª Edição, Almedina, 2003.

– "Acidentes de trabalho e responsabilidade civil (A natureza jurídica da reparação dos danos emergentes de acidentes de trabalho e distinção entre as responsabilidades obrigacional e delitual)", ROA, Ano 48, III, 1988, págs. 773-843.

LUÍS, Alberto, "O problema da responsabilidade civil dos bancos por prejuízos que causem a direito de crédito", in ROA, Dezembro de 1999.

210   *Concessão de Crédito e Responsabilidade Bancária*

– "O direito à conta", in "Direito Bancário, Temas Críticos e Legislação Conexa", Livraria Almedina, Coimbra, 1985.

MAÇÃS, Maria Fernanda dos Santos, "Regime Jurídico da autorização das Instituições de Crédito em Portugal", in "Estudos em Homenagem ao Banco de Portugal – 150.º Aniversário (1846-1996)", Lisboa, Banco de Portugal, 1998.

MACHADO, João Baptista, "A cláusula do razoável", RLJ, Anos 119.º e 120.º, Coimbra, 1 de Outubro de 1987.

"Manual de las operaciones Bancárias", Tomo II, Banco Santander Central Hispano, 2001

MARQUES, Maria Manuel Leitão, NEVES, Vítor, FRADE, Catarina, LOBO, Flora, PINTO, Palma e Cruz, Cristina, "O endividamento dos consumidores", Almedina, 2000.

MARTINEZ, Pedro Romano, "Contratos Comerciais, Princípios", 1.ª Edição, Novembro, 2001.

MATIAS, António Saraiva, "Direito Bancário", Coimbra Editora, 1998.

– "Normas e Códigos de Conduta", in "Direito Bancário, Actas do Congresso Comemorativo do 150.º aniversário do Banco de Portugal – 22-25 de Outubro de 1996", Revista da Faculdade de Direito da Universidade de Lisboa, Coimbra Editora, 1997.

MONTEIRO, António Pinto, "Cláusulas limitativas e de exclusão da responsabilidade civil", Coimbra, 2003.

– "Denúncia de um contrato de concessão comercial", Coimbra Editora, 1998.

MONTEIRO, Jorge Ferreira Sinde, "Responsabilidade por conselhos, recomendações e informações", Colecção Teses, Almedina, Coimbra, 1989.

MONTEIRO, Jorge Ferreira Sinde e Sá, Almeno de, "Concessão de crédito e deveres de informação do banco", ROA, ano 56, Agosto de 1996.

MÚRIAS, Pedro Ferreira, "A responsabilidade por actos de auxiliares e o entendimento dualista da responsabilidade civil", Revista da Faculdade de Direito da Universidade de Lisboa, n.º 1, 1996, págs. 171-217.

MUSIELAK, Hans-Joachin, "A inserção de terceiros no domínio de protecção de contratual", in "Contratos: actualidade e evolução – Actas do Congresso Internacional organizado pelo Centro Regional do Porto da Universidade Católica Portuguesa de 28 a 30 de Novembro de 1991 – Coordenação do Prof. Doutor António Pinto Monteiro" – Porto, 1997.

NUNES, Conceição, "Recepção de depósitos e/ou outros fundos reembolsáveis", in Direito Bancário, Actos do Congresso Comemorativo do 150.º aniversário do Banco de Portugal (22-25 de Outubro de 1996), Revista de FDUL, Coimbra Editora, 1997.

OLAVO, Carlos, "O Contrato de Desconto Bancário", in Estudos em homenagem ao Professor Galvão Telles", Vol. II, Almedina, Dezembro de 2002.

PATRÍCIO, José Simões, " Recusa de Crédito Bancário", Coimbra, 1988.

– "Direito do Crédito – Introdução", Lex, Edições Jurídicas, Lisboa, 1994.

PEDRO, António de Jesus, "Instituições de Crédito e Sociedades Financeiras, Regime Geral – Anotado".

PELLIZZI, Giovanni L., "La responsabilita`della banca – relazione introduttiva" – in "Responsabilità contrattuale ed extracontratuale delle banche – Atti del del convegno di studio organizato del Banco di Sardegna in collaborazione con il CIDIS", Alghero, 8-10 Novembre 1998, Milano-Dott. A. Giuffrè Editore, 1986, págs. 11 a 24.

PEREIRA, Ramos, "O sistema de crédito e a Estrutura Bancária em Portugal", Vol.I.

PEREIRA, Sofia Gouveia, "O contrato de abertura de crédito bancário", Principia, 1.ª edição, 2000.

PINA, Carlos Costa, "Créditos Documentais das Regras e usos uniformes da Câmara de Comércio Internacional e a prática bancária, Coimbra Editora, 2000.

Bibliografia Citada

PINTO, Alexandre Mota, "Do contrato de suprimento – o financiamento da sociedade entre capital próprio e capital alheio", Almedina, 2002.

PINTO, Carlos Alberto da Mota, "Teoria Geral do Direito Civil", 3.ª Edição Actualizada, 11.ª Reimpressão, Coimbra Editora, 1996.

PIRES, José Maria, "Direito Bancário– As operações bancárias", 2.º volume, Editora Rei dos Livros, 1995.

RIBEIRO, V. J. J. Teixeira, "Economia Política (moeda), Pol., Coimbra, 1962/3.

SÁ, Almeno de e Jorge Sinde Monteiro, "Concessão de crédito e deveres de informação do banco", in ROA, ano 56, Agosto de 1996.

SÁ, Almeno de, "Responsabilidade Bancária", Coimbra Editora, 1998.

SERRA, Adriano Paes da Silva Vaz, "Notas acerca do contrato de mútuo", RLJ, ano 93.º.
   – "Responsabilidade Contratual e Responsabilidade Extracontratual", BMJ, n.º 85, 1959, pág. 115 e ss.

SERRANO, Rafael Boix, "Curso de Derecho Bancário", Editorial Revista de Derecho Privado, Editoriales de Derecho Reunidas, 1986.

SILVA, João Calvão da, "Direito Bancário", Almedina, Dezembro de 2001.

SILVA, Manuel Gomes, "O Dever de Prestar e o Dever de Indemnizar", Lisboa, 1944.

SILVA, Germano Marques da e SILVA, Isabel Cristina Mota Marques da, "Sobre a admissibilidade de empresas privadas de centralização de informações sobre riscos de créditos (no âmbito das instituições de crédito e sociedades financeiras) ", RB, 44 (1997) – Outubro a Dezembro, págs. 21 a 50.

SOUSA, Rabindranath Capelo de, "O segredo bancário", in "Estudos em homenagem ao Professor Galvão Telles" vol. II, Direito Bancário, Almedina, Coimbra, 2002, págs. 157-223.

TELLES, Inocêncio Galvão, "Direito das Obrigações", 7.ª Edição (Revista e Actualizada), Coimbra Editora, 1997.

VAL, José Maria Martinez, "Derecho Mercantil", Bosch, Casa Editorial, S.A. – Urgel, 51 bis – Barcelona.

VARELA, João de Matos Antunes, "Das Obrigações em geral", vol. I, 10.ª Edição, Revista e Actualizada (Reimpressão), Almedina, Coimbra, 2003.

VARELA, João de Matos Antunes e LIMA, Pires de, "Código civil português anotado", volume I, 4.ª Edição Revista e actualizada, Coimbra Editora, Limitada, 1987.

VASCONCELOS, Pedro Pais, "Mandato Bancário", in "Estudos em Homenagem ao Professor Inocêncio Galvão Telles", vol. II, Direito Bancário, Almedina, Dezembro de 2002.
   – "Contratos Atípicos", Colecção Teses, Livraria Almedina, Coimbra, 1995.

VASSEUR, Michel, "La responsabilite contractuelle et extracontractuelle de la Banque en France", B. B. Tit. Cred, 1980, I.
   – Droit et Économie Bancaires – Paris: Les Cours de Droit, Vol. I 1976/77.
   – "La responsabilite civile du banquier dispensateur de crédit" 3e édition complétée, Banque, 1978.

VELASCO, Adolfo Ruiz de, "Manual de Derecho Mercantil", Ediciones DEUSTO SA, Madrid/ Barcelona/Bilbao, SAE, págs. 698 e ss.

VENTURA, Raúl, "Sociedades por Quotas", BMJ, 182.º, 1966.

VIEIRA, Iva Carla e BUSTO, Maria Manuel, "Manual Jurídico da empresa", ECCLA Editora, Porto, 1990.

ZUNZUNEGUI, Fernando, "Derecho del Mercado Financeiro", Segunda edición, Marcial Pons, Ediciones Jurídicas y sociales, S.A., Barcelona, Madrid, 2000.

ÍNDICE GERAL

PREFÁCIO 7

NOTA INTRODUTÓRIA 9

AGRADECIMENTOS 11

NOTAS PRÉVIAS 13

SUMÁRIO 15

1. INTRODUÇÃO 17

    1.1. Sobre o relevo juscientífico e alcance prático do tema 17
    1.2. Plano de exposição 23

2. ENQUADRAMENTO LEGAL E CARACTERIZAÇÃO DAS OPERAÇÕES
    DE CRÉDITO – PERSPECTIVA HISTÓRICA 25

    2.1. Tipologia das operações bancárias 32
    2.2. Noção legal de crédito 34

3. ENQUADRAMENTO INSTITUCIONAL DA CONCESSÃO DE CRÉDITO ... 39

    3.1. Delimitação negativa das actividades das instituições de crédito 42

4. A INTERVENÇÃO DA AUTORIDADE PÚBLICA NA REGULAÇÃO
    DA DISTRIBUIÇÃO DO CRÉDITO 47

    4.1. Directivas emanadas do Banco Central e regras de conduta 47
    4.2. Restrições à concessão de crédito 53
    4.3. Os riscos de crédito 56
        4.3.1. O papel do serviço de centralização de riscos de crédito e a troca
        de informações entre as instituições sobre os clientes – a intervenção
        da autoridade de supervisão 56

214 *Concessão de Crédito e Responsabilidade Bancária*

5. FORMAS DE CONCESSÃO DE CRÉDITO 59

   5.1. Modalidades creditícias tradicionais 59
      5.1.1. O mútuo 59
      5.1.2. A abertura de crédito 62
      5.1.3. O desconto 63
      5.1.4. O descoberto em conta 64
      5.1.5. A antecipação bancária 65
      5.1.6. Crédito por assinatura 66
   5.2. Modalidades creditícias modernas 67
      5.2.1. O *leasing* 67
      5.2.2. O *factoring* 69

6. RESPONSABILIDADE CIVIL 71

   6.1. Noção e espécies 71
   6.2. Objecto da indagação 73

7. RESPONSABILIDADE DO BANQUEIRO PELA CONCESSÃO "ABUSIVA" DE CRÉDITO – DANOS CAUSADOS AOS CREDORES DA EMPRESA FINANCIADA 77

   7.1. Soluções propostas – direito comparado 79
      7.1.1. Direito francês 80
      7.1.2. Direito alemão 82
      7.1.3. Direito italiano 83
      7.1.4. Direito uruguaio 87
      7.1.5. Soluções à luz dos direitos português e moçambicano 88
         7.1.5.1. Os meios de conservação da garantia patrimonial 88
         7.1.5.2. Pressupostos da responsabilidade civil 93
         7.1.5.3. Sobre a eventual ressarcibilidade de danos puramente patrimoniais – alcance da primeira parte do artigo 483.º, 1 do CC 99
         7.1.5.4. Sobre a responsabilidade civil decorrente da violação de normas de protecção (artigo 483.º, 1, 2.ª parte do CC) 102
         7.1.5.5. Concessão de crédito e abuso do direito 105
         7.1.5.6. Responsabilidade bancária e eficácia externa das obrigações 108

8. RESPONSABILIDADE BANCÁRIA PELA NÃO CONCESSÃO DE CRÉDITO – EVENTUAL DEVER DE CONCEDER OU DE MANTER CRÉDITO 111

   8.1. A concessão de crédito como expressão da liberdade contratual 111
   8.2. Sobre a tese do serviço público bancário 116

9. RESPONSABILIDADE DO BANQUEIRO PERANTE O BENEFICIÁRIO DO CRÉDITO – O BANQUEIRO COMO GESTOR DE FACTO DO MUTUÁRIO (*LATO SENSU*) 121

Índice Geral

10. RESPONSABILIDADE POR CONSELHOS, RECOMENDAÇÕES
E INFORMAÇÕES 123

11. PRINCIPAIS CONCLUSÕES 131

PRINCIPAL LEGISLAÇÃO DE REFERÊNCIA 137

Moçambicana 137
Portuguesa 137
Brasileira 138
Angolana 138

ANEXO
– Lei 15/99, de 1 de Novembro 141
– Resolução n.º 11/80, de 31 de Dezembro 199

BIBLIOGRAFIA CITADA 207

ÍNDICE GERAL 213